HORIZONTE DO DESEJO

INSTABILIDADE, FRACASSO COLETIVO E INÉRCIA SOCIAL

WANDERLEY GUILHERME DOS SANTOS

HORIZONTE DO DESEJO

INSTABILIDADE, FRACASSO COLETIVO E INÉRCIA SOCIAL

2ª EDIÇÃO

FGV
EDITORA

ISBN 85-225-0543-8

Direitos desta edição reservados à
EDITORA FGV
Praia de Botafogo, 190 – 14º andar
22250-900 – Rio de Janeiro, RJ – Brasil
Tels.: 0800-21-7777 – 21-2559-5543
Fax: 21-2559-5532
e-mail: editora@fgv.br – pedidoseditora@fgv.br
web site: www.editora.fgv.br

Impresso no Brasil / *Printed in Brazil*

1ª edição — 2006
2ª edição — 2006

REVISÃO DE ORIGINAIS: Maria Lucia Leão Velloso de Magalhães

EDITORAÇÃO ELETRÔNICA: FA Editoração

REVISÃO: Fatima Caroni e Marco Antonio Corrêa

CAPA: Inventum Design

Ficha catalográfica elaborada pela Biblioteca
Mario Henrique Simonsen/FGV

Santos, Wanderley Guilherme dos
Horizonte do desejo: instabilidade, fracasso coletivo e inércia social / Wanderley Guilherme dos Santos. – 2. ed – Rio de Janeiro : Editora FGV, 2006.
204 p.

Inclui bibliografia.

1. Indicadores sociais – Brasil. 2. Indicadores políticos – Brasil. 3. Ciência política. 4. Brasil – Condições sociais. I. Fundação Getulio Vargas. II. Título.

CDD — 309.181

SUMÁRIO

TABELAS

GRÁFICOS

PREFÁCIO

Buscar, nas análises dos economistas e dos sociólogos, a elucidação dos determinantes estruturais da sociedade brasileira é uma iniciativa generosamente frutífera. São vários os aspectos exaustivamente investigados e não poucos os diagnósticos setoriais promissores. Se os historiadores renovam os estudos sobre o passado escravocrata brasileiro, revelando, inclusive, a racionalidade mercantil de sua inserção na economia urbana — rompendo o congelamento imposto pela ótica reducionista que internava senhores e escravos nos segredos dos latifúndios — e dando inéditas dimensões à história imperial, a novela republicana da nacionalidade, contudo, reclama por continuadores de Oliveira Vianna e Gilberto Freyre. São ainda poucos os historiadores que, na periferia das grandes editoras, vêm gerando conhecimentos relevantes sobre a história republicana, insatisfeitos com a ligeireza e o reduzido poder esclarecedor da micro-história sobre microeventos. Mas o acúmulo de estudos inovadores soma-se às investigações de outros especialistas, que contribuem para um delineamento mais preciso da figura do Brasil contemporâneo.

O tema central deste livro está presente nas análises de todas as variantes de cientistas sociais. Como entender a coexistência pacífica de um país que, ao mesmo tempo, se moderniza e enriquece materialmente e dá tratamento relapso a enorme contingente de pobres e miseráveis? O espanto pela ausência de rebeliões de grande porte já fora verbalizado no século XIX por José de Alencar. Pelo tempo, acredito que a própria indagação se deteriorou e que, agora, constituiria razoável progresso explicar por que não se terá gestado nem mesmo um movimento popular capaz de promover, se não uma revolução, pelo menos uma extensa reforma na vida nacional. É nesse enredo de questões mais modestas que se situa o presente livro. Não busco dar as razões do aparente conformismo nacional, mas entender como funciona.

Sheila Sandes e Fabrícia Guimarães asseguraram as condições de pesquisa e produção que tornaram possível a execução do projeto. É inacreditável que, depois de anos, continuem a me proporcionar excelente ambiente de trabalho. Não lhes cabe responsabilidade, é claro, pelo eventual mau uso que tenho feito da dádiva.

PARTE I

A INTERROGAÇÃO NACIONAL

Instabilidade produtiva e desequilíbrio dissipativo no Brasil moderno

1

AS ORIGENS DO DESCONCERTO DEMOCRÁTICO

A história aproxima-se mais da paleontologia, da botânica e da astronomia do que dos antiquários. Pela taxonomia, esqueleto conceitual botânico e zoológico, investigam-se as similitudes e as diferenças entre as espécies; pela sucessão estratigráfica das formas, fascinação permanente da paleontologia, se esclarecem os mistérios do antes e do depois; pela profundidade do espaço se mede o tempo, abismo astrofísico; e, enfim, a descontinuidade físico-espacial flagra a mudança. O que quer que tenha existido, e do qual restem resíduos, é acessível à curiosidade narrativa em qualquer momento de sua história.

Narrativa pseudo-repetida, é bem verdade, pois, a cada vez, a história registra uma dramaturgia original, seja pela incorporação de minúscula transformação aqui, de inédito modelo ali, ou de uma nova seqüência de eventos acolá. Cada uma dessas narrativas do antanho e do alhures, contudo, se conclui, sempre, por um confuso presente, estranho a si próprio. A dificuldade de traduzir o presente em conceitos, própria de linguagens extintas, decorre do tartamudear babélico de múltiplos passados, todos simultaneamente verdadeiros, embora incompletos e concorrentes. E o que vale para as estrelas e os fósseis, vale para a comunidade de vagamundos humanos, de idade volúvel, e cujos laços de associação são tantas vezes precários e outras tantas indissolúveis. Como tudo mais, a comunidade de vagamundos aceita com hospitalidade abordagens que têm por ponto de partida qualquer latitude ou longitude do narrador. A especial cartografia aqui convocada é elástica e abrangente, sem dúvida, mas enigmática — o horizonte da democracia.

Em sua versão de noticiário internacional, com repercussões domésticas, a democracia, segundo uns, teria alcançado seu esplendor agora, entre dois séculos; segundo outra escola, encontra-se sob ameaça, e, finalmente, para terceiros, expôs-se a definitiva desmistificação. Nada há, portanto, a fazer, conforme os primeiros; apliquem-se à democracia medidas de emergência, recomenda a segunda escola; ou, mais estridente, que se a substitua, reclamam os adeptos da democracia direta, ou deliberativa, ou neo-republicana, tantas são as designações com que se faz conhecido o substitutivo heróico da atual e dita contaminada democracia representativa. Acrescentando-se outro conflito à controvérsia historiográfica, ora remete-se o nascimento da putativamente moribunda democracia ao século XVII, ora ao XVIII ou XIX, conforme a docência de cada um. Aqui, para efeito de temporária uniformização de linguagem, a possível conexão ou desajuste entre a história (a sociedade material) e a História (sua narrativa) será desconsiderada e o ponto de partida arbitrariamente escolhido. E é o seguinte: omitindo-se as controvérsias ocasionadas pela utopia democrática desde o século XVII, quais são os principais aspectos contemporâneos da profecia sobre seu futuro e em que segmento da cadeia histórica (material) se encontra o Brasil?

Não havendo possibilidade de confronto com os adeptos da democracia como esplendor, já que nada há a temer, o que se segue é um longo intróito à refutação do neo-republicanismo, do mais brando ao mais radical, por meio de fatos e de demonstrações de que os domésticos temores da segunda escola — a que considera a democracia brasileira sob ameaça — não elucidam a real natureza da presente interrogação nacional. Para esclarecimento da expressão, essa interrogação pede por resposta as razões pelas quais a quase imemorial instabilidade institucional brasileira, tendo gerado oportunidades para transformações produtivas na vida do país, fracassa na dissolução dos mais estáveis atributos que o estigmatizam, a saber, o amplo catálogo de desigualdades que faz do Brasil um escandaloso exemplo de mudanças difusas e desigualdades cumulativas. A parte II tratará de expor a resposta que mais me atrai.

A ênfase da historiografia na anunciada conseqüência da instabilidade política obscurece algo muito mais marcante, que é a espantosa estabilidade dos desequilíbrios cumulativos na distribuição de bens.[1] São desequilíbrios aos quais se imputa, erroneamente, a condição de motor causal da instabilidade. Não o são.

[1] Cf. Santos, 2006, especialmente cap. VIII.

A instabilidade política, por um lado, e esta específica estabilidade, a da miséria, por outro, são geradas por seqüências materiais distintas, uma delas tendo pouco em comum com os determinantes da outra. Nem o contrário de toda instabilidade consiste em saudável estabilidade. Há diversos tipos de instabilidade e de estabilidade. A instabilidade produtiva, um dos dois tipos de instabilidade, resulta de pressões independentes das que produzem estabilidade, mas sem ter conexões diretas com as desigualdades. Nestas, o que surpreende é o elevado grau de estabilidade mais do que centenária que ostentam, além da capacidade de resistir à penetração em seus domínios da instabilidade produtiva que a subverteria.

As verdadeiras matrizes geradoras da instabilidade institucional produtiva — a infra-estrutura da sociedade e seus subprodutos incorporados nas instituições — têm sido insuficientes para destruir as defesas da zona de resistência das nefastas estabilidades do país. Pelo ângulo do que é difuso, o acelerado ingresso na ordem das democracias representativas tem dado lugar a espetaculares conseqüências institucionais: pela ótica das desigualdades cumulativas, enfileiram-se as da renda, da educação, da cor, do gênero e da posição social. A interrogação nacional estará satisfeita se descobrir por que as conseqüências difusas das mudanças institucionais produtivas têm sido impotentes para desestabilizar as desigualdades cumulativas. Nesta primeira parte só se dará satisfação ao delineamento mais realístico da verdadeira interrogação nacional.

As desigualdades são de genealogia mais vetusta do que a das transformações difusas, e o estado atual da conexão entre elas se entremostrará pela exposição da resposta brasileira ao amadurecimento da democracia representativa no resto do mundo, do qual se distingue pela imobilização do processo de instabilidade produtiva na fronteira das desigualdades duráveis. A complexa razão para a esterilização da instabilidade vivificante estimula a audácia de investigações que abandonem as muletas das hipóteses ortodoxamente estabelecidas em favor de interpretações e dados temidos por análises bem comportadas.

Por que a instabilidade criadora, produtiva, da democracia representativa não capturou e subverteu, no Brasil, as cidadelas da estagnação e das rotinas conservacionistas, que são poderosos obstáculos a transformações na estrutura das desigualdades? Como explicar as trajetórias divergentes entre as pioneiras democracias representativas — particularmente no mundo nórdico e anglo-saxão, e seus efeitos positivos para a subversão do *status quo* conservador-oligárquico — e os sistemas representativos posteriores, o do Brasil entre eles, que não conseguem reproduzir a mesma trajetória?

A democracia política representativa começa a adquirir perfil razoavelmente nítido em meados do século XIX, como resultado do trabalho da história. O tempo, íntimo ingrediente da vida social, inunda as consciências sob a figura do historicismo, mas, não obstante, este não seria o mais bem-amado rebento daquele século, o que se comprova por resumida cronologia. Descendente menos conspícua da abundante prole do iluminismo *setecentista*, a malícia historicizante insinuou-se discretamente nos exercícios de reflexão sobre o mundo humano dos fragmentos de A. R. J. Turgot, incorporou-se às divagações eruditas do marquês de Condorcet, fascinado este, ao mesmo tempo, pela virtual matematização das relações políticas, e, por fim, manifestou-se em versão de comedida cautela experimentalista, no estilo de Adam Ferguson, ou na versão de vítima de exacerbada virulência crítica, característica, a última, do antiiluminismo burkiano.

Por sob a túnica de um otimismo progressista, contudo, do qual as três sucessivas fases históricas de Turgot — caça, pastoreio e agricultura — e o *painel histórico do progresso do espírito humano*, de Condorcet, são claros exemplos, vislumbra-se pálida reminiscência do desalento grego em face da Roda da Fortuna, presa do ciclo nascimento, auge, decadência e morte (este último par implícito, embora não mencionado por Turgot), presente de Hesíodo e Heródoto ao tardio helenismo plotiniano.[2] Desânimo sem originalidade. Característica do século XIX, seguinte e, isto sim, sem antecedente de nota, é a concepção de que o tempo social é irreversível. Certo, nenhum grego clássico ou pensador setecentista supôs a ingenuidade de uma redenção de porte bíblico, retornando homens e feitos a seus pontos de origem. Entre eles, gregos, os ciclos do eterno retorno, ou os períodos datáveis de sua inauguração e agonia, referiam-se ao limitado repertório de estilos de arquitetura social à disposição da humanidade (monarquia, aristocracia, democracia e suas contrapartidas patológicas — tirania, oligarquia, plebeísmo), daí sua recorrência, antes que aos toques pessoais de cada arquiteto (reformador social) ou às possíveis variantes de proporcionalidades em maquetes da sociedade.[3] Indubitável, todavia, é que o percurso do caos ao cosmo e deste à

---

[2] As diversas emanações do Ser (*Nous*) metafísico plotiniano, e que dão origem às formas do universo, são, ao mesmo tempo, degraus de decadência, ao contrário das fenomenologias do espírito hegeliano, cujas transformações se orientam em direção à plenitude da existência.

[3] Maquiavel, em *O príncipe*, adotava, como os gregos, a premissa do caráter finito das possibilidades de construcionismo político-social, mas estipulava um repertório muito mais amplo do que a tríade grega. Mas em Maquiavel, assim como nos gregos, é na história que tal repertório se revela.

desordem descreve, nos gregos, a matriz imutável das peripécias humanas, sem conceder tratamento caridoso às formidáveis ações criativas que tenham ocorrido ou venham a ocorrer em qualquer momento do ciclo. Seria até possível que, em alguma rodada, no princípio tenha sido a luz, mas, em todo caso, a desordem designa a inevitável estação terminal, de onde se há de outra vez partir, só para a ela retornar, rotineiramente.

Com o século XIX a história vem a ser outra, isto é, ou bem ela, história, descansa na confortável imobilidade das utopias, pois nestas o tempo e o movimento espacial são descartáveis, ou se move qual seta em trajetória inercial, inclusa em universo de que é, simultaneamente, tal como a águia do poeta Ferreira Gullar, elástica fronteira e centro insubstituível. Não se supõe, aqui, a operação de um teleologismo, mas o reconhecimento de que aquilo que é, embora não tendo tido que ser, em sendo, é irreparável. O historicismo do século XIX, integralmente desenvolvido no século XX, é o historicismo do *impossível retorno*. Historicistas pós-iluministas podem disputar se há motivo para acreditar na existência de uma lógica processual, alguma semente determinística, mas coincidem na crença de que o regresso é impossível e o progresso, inevitável. Explicar o presente pelo passado equivale parcialmente, em visão historicista, à revelação das razões do corruptível, do mutável. As sociedades não se transformam senão como efeito de mecanismos perfeitamente identificáveis, que as convertem em estágio preliminar de algo que as sucederá, jamais em bilhete de retorno a um *dejá vu* retificado por plástica restauradora. Toda restauração é blefe, é "o outro" que se introduz sob pretensas de ser "o mesmo". Foi esse entendimento tácito que deu origem às grandiosas ultrapassagens do *status* ao contrato (Henry Maine), da solidariedade orgânica à mecânica (E. Durkheim), da comunidade à sociedade (F. Toennies), ou, em vulgata contemporânea, do tradicional ao moderno. Operado o transbordo, pode algum preguiçoso supor que a meta sedutora, conforme cada utopia, terá sido plenamente alcançada e que nada, nunca, voltará a mover-se em trajetória de avanço ou de retardo. Para conquistar a aposentadoria da inquietação especulativa decreta-se o fim da história. Mas tal demissão, e nisto concordam os hodiernos, só se faria, possível fosse, como celebração de um consórcio entre o insondável e o ignoto, isto é, como aposta.

Descobriu-se, entretanto, em meados do século XX, que dicotomias dificilmente ultrapassam o nível elementar do apuro conceitual. Esquerda e direita não contemplam os ambidestros, da peleja entre o bem e o mal ficam excluídos os purgatórios, o belo e o feio são insensíveis ao intermediário charme, enquanto, em sentido oposto, o mundo humano, intumescido de nuanças, contraria seguidamente o princípio do terço excluso. Bem pouca coisa vem a ser exatamente ou isto ou aquilo, e por aí já se foi, com o espirro de Fernando Pessoa, quase toda a metafísica. Sociedades são histórias físicas de conjuntos nebulosos (*fuzzy sets*), capazes de absorver sombras, símbolos e espectros, todos estes causas tão eficientes de efeitos reais, palpáveis, quanto o são a beligerância militar ou as revoluções frustradas, as quais, não obstante, legam cicatrizes definitivas. Contudo, só se descortina panorama assim rico e surpreendente quando se está postado na periferia do universo das nações.

É próprio de nações centrais estipularem as coordenadas da bússola e da geometria históricas. Passa por isso em silêncio o absurdo geográfico de que o Japão se tenha (ou tenha sido) trasladado ao Ocidente, em contigüidade temporal à derrota na II Grande Guerra, e conviva harmoniosamente, o Japão ocidentalizado, com a advertência do radar huntingtoniano de prováveis turbulências futuras, conseqüências do choque entre o "Ocidente" e a Turquia (entre outros), a multissecular fronteira distinguindo católicos de muçulmanos.[4] Do "centro", onde quer que esteja, lança-se olhos ao mundo; da periferia, olham-se os "centros". Pois que são vários os "centros" — Paris, Londres, Heidelberg, Roma, Boston — invisíveis, como centros, cada um, em sua face mimetizável, a cada um dos demais centros, *salvo se deixam ou quando deixam de o ser*. Centros são, por definição, narcisamente auto-referidos e o resto será, etimológica e simbolicamente, excêntrico. Penso que, para os ingleses, os tikopia, nuer, parisienses e minhotos são igualmente peculiares, assim como, com um olhar parisiense, os irlandeses destacam-se dos berberes não mais do que pela maior irradiação solar absorvida pela epiderme dos últimos. Todos são estrangeiros em Paris, inclusive ingleses e alemães, enquanto os modos italianos aparecerão como primitivos aos sobrolhos bostonianos.

Omito observações sobre escandalosos equívocos teóricos que a miopia cêntrica acarreta, optando por registrar os resultados da saudável oxigenação intelectual promovida, a intervalos regulares, pela turbulenta periferia. A percepção narcisista tem por solo factual a estratificação do resto do mundo, e a desagregação conceitual ousada pela periferia afeta por igual os até então bem estabelecidos "centros". É da periferia que se percebem similaridades no que imaginam os

---

[4] Cf. Huntington, 1996.

cêntricos sejam fenômenos singulares, heterogeneidades onde só percebem o homogêneo, rupturas na continuidade, tradição nas últimas novidades. Assim na matéria, como no espírito.

Tomem-se as dicotomias anteriormente mencionadas (Maine, Durkheim, Toennies) e a hipótese de estados irreversíveis, tão poderosos e, não obstante, tão passíveis de redimensionamento. Quando se olha o mundo da periferia, não custa aceitar como boa, em princípio, a classificação aristotélica de que há governos de um, de poucos e de muitos — as já mencionadas monarquias, aristocracias e democracias. É óbvio, em outro registro, que o abandono das páginas dos manuais leva à identificação de pelo menos três tipos de produção e distribuição de bens e serviços: centralizada, por reciprocidade e via mercado. Sem esforço obtêm-se nove coletividades possíveis — algo bem mais justo quanto à diversidade do mundo do que a mencionada dualidade *status* × *contrato* ou *comunidade* × *sociedade*. Mais interessante ainda é descobrir que nenhuma sociedade corresponde inteiramente a qualquer dos tipos classificatórios; ao contrário, as sociedades complexas compreendem quase todos os tipos em sua composição infranacional. Trocas por reciprocidade em subconjuntos oligárquicos são tão freqüentes, sobretudo em áreas rurais atrasadas, quanto equivalências de mercado, transacionadas, porém, sob vigilância autocrática — a referência corrente seria o período final da ex-União Soviética. *Os centros contêm, sob a forma de complexos antifractais, todos os processos instalados na periferia, mas só da periferia é possível observá-los em sua variação combinatória.*

Fractais inanimados são identidades materiais morfologicamente autoreprodutivas em diferentes escalas de proporcionalidade. Cristais, por exemplo, ou acidentes geográficos nas costas dos continentes. Contrariamente, sociedades interagentes representam réplicas umas das outras, sim, mas sem que a constelação combinatória de uma se reproduza exatamente em qualquer das demais. Ao inverso dos fractais materiais, as sociedades, embora constituídas por agregados dos mesmos elementos primordiais, nunca, mesmo que o aspirem, nunca se duplicam umas às outras, pormenor a pormenor, nem são capazes de refazer as relações combinatórias nas mesmas proporções. Embora processos de divisão social do trabalho, grupos de interesse, redes de cooperação e conflito, burocracias, partidos, transações legítimas e ilegítimas, tudo se encontre em qualquer sociedade heterogênea, em nenhuma a combinação agregada corresponde à de alguma outra. Resultado de microações teleológica e racionalmente orientadas, ou, ao contrário, perturbadas pela paixão, o agregado social converte-as em gigantesco mosaico institucional, transcendente a qualquer desígnio singular, daí sua essência nebulosa (*fuzzy*). As sociedades são, ainda que às vezes a contragosto, antimiméticas. Quando insistem na reprodução, assemelham-se às contemporâneas comunidades indígenas brasileiras: carregando bordunas e chinelo de dedo combinados com óculos *ray-ban*. Ainda que para os "periféricos" indígenas a cópia simbólica implique uma redefinição de significados, para os "cêntricos" brasileiros não deixará de parecer, materialmente, um desajeitado artifício. A mimese sociológica estará sempre desfalcada de algum elemento ou padrão combinatório. De onde se seguem duas conseqüências relevantes:

- a natureza histórico-material da sociedade é dotada de objetividade, isto é, opõe resistência aos desígnios dos atores singulares que a constituem;
- e, por conta da singularidade antifractal de cada coletividade, as sociedades centrais tendem a registrar os múltiplos padrões combinatórios como diferenças de natureza.

Interpretadas em registro ontológico, as variações entre antifractais combinatórios estimulam a crença de que representariam *estágios*, propriedades de um sujeito totalizador, em marcha inexorável conforme a atração finalística das sociedades centrais. O cerne do movimento mundial consistiria, por conseguinte, em espontânea coordenação de convergências. Por isso o *diferente*, *o peculiar*, aparece como *estranho*, desviante, sem que os centros se apercebam de que são constituídos pelos mesmos elementos, agregados em fortuito e distinto caleidoscópio institucional.

A assimetria de poder entre esses agregados histórico-materiais — as sociedades — garante a difusão das opiniões características dos centros, as quais, naturalmente, não podem ser outras, e garante ainda a adoção delas por subcoletividades da periferia, que passam a considerar patológico tudo que lhes é específico, particular, e a elaborar estratégias de mudanças que sejam eficazes na transformação das sociedades periféricas em tudo e por tudo semelhantes às centrais. Planos e projetos são fabricados a granel. Entretanto, aparentados aos rituais primitivos de feitiçaria, e igualmente equivocados quanto ao sistema operativo de causalidades, os planos de "modernização", por mais bem-sucedidos que venham a ser em um ou outro aspecto, não conseguem escapar ao desanimador fracasso em reproduzir com fidelidade a sociedade modelo. Em primeiro lugar, porque o compósito resultante instaura proporcionalidades inusitadas, e o antifractal combinatório, materialmente objetivo, discrepa largamente do modelo primitivo. Em segundo lugar, porque o próprio modelo original não cessa de se recombinar, em decorrência do somatório de ações cuja meta, ironicamente, seria, nos centros, a reprodução de seus respectivos *status quo* assim como são.

Em sarcástica vingança histórica, é no estigmatizado Friedrich Engels, e em seus exemplos realmente impróprios, que todavia se encontra, sob a "lei" de transformação da quantidade em qualidade, a mais arguta percepção do fenômeno de autotransformação do mesmo, ou, em linguagem academicamente polida, a dialética da mutação endógena. Trata-se, não de um Hegel de ponta-cabeça, mas do equivalente material-histórico do equilíbrio descontínuo da paleobiologia, que se refere às mutações de largo porte em totalidades vivas, organismos ou sociedades, quando os limites de variação de um dado fenômeno são ultrapassados e os parâmetros que confinam a singularidade desaparecem, ocorrendo novo agrupamento combinatório. Greves, fome, estagnação econômica ou, ao contrário, superabundância são alguns dos fenômenos que, uma vez superados os limites toleráveis de absorção, provocam as grandes mudanças históricas, inclusive os *estágios* inventados pelo século XVIII e as *dicotomias* imaginadas pelo XIX. Em matéria social, isso corresponde a convulsões políticas — às vezes, a profundas revoluções —, sempre guardando alguma semelhança com outros quebra-cabeças institucionais, em microprocessos isolados, mas irredutíveis a tipologias generalizantes. As monarquias são, em todos os séculos, mais ou menos as mesmas e mais ou menos idiossincráticas. Assim como as repúblicas. Mas as respectivas trajetórias obedecem à inevitável exigência de algum grau de ineditismo.

Aos países periféricos, republicanos ou monárquicos, não escapou a percepção de que o planeta se move e de que caminham, metaforicamente, para a frente. Nem poderia ser de outro modo, pois cada país está sempre no limiar de seu próprio futuro. Nas alegorias espaciais do imaginário em que a materialidade histórica se expressa, diz-se que os países avançam, o que é certo, mas diz-se também que alguns estão atrás de outros, o que é decididamente insensato. Países exibem diferentes magnitudes de diversos agregados: produto interno bruto, população economicamente ativa, taxa de mortalidade infantil por mil nascidos vivos, níveis de poluição sonora, número de computadores *per capita*, e mais um inacreditável estoque de números. Nenhum registro, entretanto, detém o código esclarecedor da topografia do que está por vir. Até porque não existe tal topografia antes que seja moldada pelos países em seus respectivos e *simultâneos* percursos. Conseqüentemente, não existe um *atrás* real, dado que estão todos, a cada instante, no mesmo instante do tempo. O presente, como presente, é imóvel, e o futuro nada contém, exceto inumerável conjunto de possibilidades: só o passado recua. Se não existe propriamente uma retaguarda física no tempo presente ou no espaço, restam as diferenças, sempre contemporâneas, resultado de pretéritas omissões ou demissões. Mas isso já é História, descrição, não história, materialidade.

Do reconhecimento das diferenças à mensuração delas em valores materiais, a distância é quase nenhuma, daí a verificação, correta, de que os países periféricos são diferentes, entre outras coisas, porque são mais pobres. Ver o mundo em comparação desvantajosa é distinto de não haver com o que se comparar, caso dos países ricos, sendo eles mesmos a única métrica disponível. O narcisismo dos ricos brota da ausência de estratificação para cima; a heteronomia dos pobres, da inexistência de estratificação significativa para baixo. Não há mérito em ser *x%* menos miserável do que o vizinho, e o desespero é semelhante.

Da comparação desvantajosa chega-se à heteronomia e, desta, ao ecletismo experimental. A permanente necessidade de inventariar diferenças impôs aos periféricos o constante aprendizado de experiências alheias e a conclusão de que é possível se estar, por assim dizer, à frente de maneiras imprevistas. Os países periféricos constituem verdadeiro oligopsônio no consumo de algo raro: a experiência de serem nacionais e ao mesmo tempo, simbolicamente, nova-iorquinos e berlinenses. Nós, da América portuguesa, sentimo-nos perfeitamente à vontade como lisboetas, muito embora Portugal ainda não se tenha livrado do trauma de não haver sido Espanha. Ignoro, é claro, como se sentem os portenhos, crente que sou no juízo de Jorge Luis Borges, segundo o qual os argentinos são italianos que falam espanhol acreditando que são ingleses. Pensando melhor, era isso mesmo o que desejava dizer com a noção de ecletismo experimental e plural.

O pluralismo não constitui um valor opcional, mas um elemento material e alvo preferido, na constituição contemporânea do arranjo histórico brasileiro. Pluralismo existencial de raças e religiões, música e literatura, tudo em permanente conflito com as discriminatórias instituições em vigência, particularmente políticas. Esse embrionário legado antifractal de um transcurso que experimentou ditaduras e, por livrar-se delas, incorporou o pluralismo como ingrediente essencial a sua combinatória aproxima-se, suspeito, da estação frutífera. Desconfio que significativa contribuição à teoria e à experiência democráticas, com possibilidades de alterar o padrão daqueles desequilíbrios sociais que se transformam em estabilidades improdutivas, está por irromper dos testículos e ovários periféricos, além do de outros proparoxítonos. Esse tema associa-se ao da crise das instituições, para a qual se sugere, sob a artificiosa denominação neo-republicanismo, o desarme do Estado de direito, deixando a sociedade sob custódia de iluministas autocráticos, monistas ideológicos e adeptos da discriminação seletiva. Mas essa história começa séculos atrás, nos então centros hegemônicos, até incorporar-se, nos dias presentes, aos medos alimentados pelos países ricos e à importação de ansiedades por parte dos países pobres.

Depois de dois séculos de luta contra o absenteísmo das populações e seu alheamento dos embates eleitorais, a idade da política e da combinatória representativas difunde-se pelo mundo civilizado. Recuperamos aqui o meio do século XIX. A benéfica circunstância de que a liberdade de todos estava subordinada à generalizada expansão de direitos favoreceu a criação de uma coalizão política em busca da universalização democrática, apesar de diferenças entre as engenharias que cada ator presente sugeria. É do século XIX o surgimento de aglomerações partidárias, reconhecidas como necessárias e positivas, ao contrário da interpretação negativa que lhes deram James Madison e Edmund Burke no século XVIII. Os partidos socialistas, em particular, cuja existência supõe um universo plural, criam-se na segunda metade daquele século, na Europa, como resultado da Revolução Industrial e do aparecimento de um proletariado urbano, seccionados os laços com a comunidade originária de cada um (passagem da comunidade para a sociedade, diria Toennies). Pretendendo organizar a massa de assalariados com vistas ao poder e à revolução, os partidos socialistas carregaram, desde o início, a tensão entre os radicais, mais tarde comunistas, que viam nos partidos mero instrumento de organização das massas para a tomada revolucionária do poder, e os socialdemocratas parlamentares, que admitiam a via legislativa para o socialismo.

O argumento socialdemocrata era sólido, considerando os ventos da época: o desenvolvimento do capitalismo criava uma classe cada vez mais numerosa de assalariados, cujos interesses seriam obviamente representados pelos socialdemocratas; cedo o proletariado constituiria folgada maioria na população e, para que viessem a ser maioria no eleitorado, bastava assegurar a expansão dos direitos de voto. O ato seguinte à conversão do operariado em maioria eleitoral seria, inevitavelmente, a transformação do partido da socialdemocracia em maioria parlamentar e daí, conclusão lógica, à revolução por via legislativa. Os impedimentos à universalização do direito de voto constituíam os únicos obstáculos ao socialismo, incluindo requisitos de idade, raça, educação, renda e gênero. Superados tais obstáculos, supunham os socialistas parlamentares, o caminho para o socialismo estaria desimpedido. Convencidos da elevada probabilidade deste cenário, os líderes populares organizaram rapidamente os partidos que deveriam convertê-lo em realidade.

Entre o debate sobre a tese e a aceitação da hipótese de efetivamente concorrer a uma posição no Legislativo, entretanto, inúmeras dissidências e crises afetaram a socialdemocracia. Escandalosa e decepcionante foi a constatação de que, ao contrário do que esperavam os socialdemocratas, e temiam os conservadores, o eleitorado urbano, aquele constituído por trabalhadores manuais, não se dirigiu em massa na direção do partido que teoricamente os representaria. Da formação do partido à eleição do primeiro parlamentar socialista transcorreu às vezes considerável lapso de tempo. Se, na Alemanha, entre a formação e a eleição não se passaram mais do que quatro anos, foram necessários 35 anos de voto masculino universal, na Dinamarca, e seis depois da formação de seu partido socialdemocrata para que se elegesse um socialista. Na Suíça, entre o voto masculino universal e a eleição do primeiro socialista passaram-se 49 anos. A Espanha demorou 31 anos, a partir da criação do partido, para eleger um socialdemocrata; a Noruega levou 16 anos, 14 a França, 10 a Holanda e nove a Bélgica.[5] Desdobramentos históricos totalmente contrários às expectativas otimistas dos socialistas democráticos. Era abundante o número de evidências a revelar que o futuro não se mostrava tão risonho quanto a teoria fazia prever. Decepcionantes, demonstravam ser remota a viabilidade de uma revolução socialista por via parlamentar. Se era possível, parecia muito difícil.

Com efeito, substituir pela raiz o sistema capitalista em expansão equivalia a impor mudanças que o respeito aos limites constitucionais, em boa-fé, não autorizariam. Supondo-se que o voto operário viesse, em algum momento, a proporcionar aos partidos socialistas inequívoca maioria parlamentar, permaneceria o fato de que, econômica e socialmente, os trabalhadores não constituíam o único grupo relevante, nem o mais poderoso, em qualquer país, exceto se os demais grupos fossem extintos, sem reação, pela força — o que contrariaria o princípio de que o socialismo deve ser alcançado com abstenção da violência. Pela via do parlamento, portanto, a revolução socialista deveria ser adiada até o instante em que, ou bem as classes que a ela se opusessem estivessem reduzidas a insignificante minoria, ou se persuadissem, por iluminação, de que resultaria em maior benefí-

[5] Os cálculos foram efetuados com duas séries de dados: os da tabela 2.3 de Przeworski e Sprague, 1986:36; e os de Mackie e Rose, 1991.

cio para todos substituir o modo capitalista de produção por uma organização que produziria um Estado, se assim se pode designar, Pareto-superior, abertas as perspectivas de um progresso material infinito.[6] Para tanto, bastaria a propaganda estratégica, acompanhando o trabalho da história do próprio capitalismo, e emergiria, na seqüência, a necessária maioria parlamentar, social e ideológica.

Contudo, a evolução do capitalismo gerou mais imprevistos do que a teoria estimava. Depois de algumas décadas de real crescimento da proporção de trabalhadores manuais no total da força de trabalho, a contínua transformação nos métodos de produção, antevista por Marx, acelerando a ritmos inimagináveis o extraordinário motor de mudança social que é a divisão social do trabalho, impulsionou o crescimento de um segmento de trabalhadores de difícil absorção pela inacabada teoria marxista das classes: os assalariados não-manuais. Todos os hoje ocupados no terciário, setor de serviços, embora assalariados, costumam temer o socialismo, percebendo com rapidez a conexão entre a expansão e a acumulação capitalistas e seu próprio progresso material. Inclinando-se a solidariedade natural desse grupo, preferencialmente, para os patrões, antes que para os sindicatos de trabalhadores manuais, foi transferida para registro utópico a meta de constituir uma absoluta maioria parlamentar de base operário-industrial.

Na verdade, a sucessiva queda de barreiras à participação eleitoral, associada à multifacética rede de interesses entrelaçados, tornou a conquista de uma maioria parlamentar absoluta algo praticamente inalcançável. Adam Przeworski verificou que, de 337 eleições concorridas desde o sufrágio universal até 1968, somente 23 deram maioria absoluta a um partido, com a qualificação de que seis entre as 23 contabilizadas ocorreram na Nova Zelândia. Acrescente-se, para comparação, que, no caso brasileiro (20 anos ditatoriais à parte), somente na primeira eleição depois do Estado Novo (1945) surgiu a transitória maioria do Partido Social-Democrata brasileiro da época, o qual, entretanto, conservador, não guardava qualquer semelhança com os partidos europeus de mesma denominação.

Sem dúvida, o sistema de representação proporcional responde por parte desses resultados, mas a questão de fundo é outra. Ainda que o sistema partidário se restrinja a duas agremiações, a progressiva complexidade social, espatifando interesses, obriga os partidos a elaborarem mensagens capazes de aglutinar eleito-

[6] Simplificando, um Estado de bem-estar Pareto-superior a algum outro significa que o equilíbrio na distribuição de riquezas é mais satisfatório no primeiro do que no segundo Estado.

res cujos interesses são muitas vezes competitivos. Esta é a condição original: a campanha por conquista da maioria, em contexto de elevada complexidade social, desemboca em heterogeneidade programática e em desempenhos governamentais que buscam, em vez de um máximo de satisfação segmentada, um mínimo divisor comum entre os segmentos relevantes. Não se trata, sempre, de fabricar estrondosas maiorias em favor de teses altamente reformadoras, mas de reduzir o dissenso a um mínimo tal que, não comprometendo a orientação da maioria, diminua os custos de transação no plano imediato[7] e em torno de futuros projetos de governo. Esse é o preço de abdicar da revolução em favor da evolução das combinatórias. Sem excluir outras e poderosas razões, o descompasso entre a permanente ebulição na superestrutura institucional e a redundância da estabilidade improdutiva tem como uma de suas fontes principais a estratégia que visa encontrar um mínimo divisor comum entre partes concorrentes.

A histórica decisão de participar de boa-fé da disputa eleitoral e o abandono do juramento de morte a qualquer preço do sistema capitalista consolidaram, no passado, o casamento de uma variante do movimento socialista com a democracia, dele discordando as parcelas comunista e anarquista, que seguiram caminhos próprios. Não obstante, a meta programática de realizar profundas reformas no sistema capitalista em benefício dos trabalhadores, ainda que dentro dos limites constitucionais, continuava a depender da transformação da bancada socialista em sólidas maiorias, de preferência absolutas. Sério problema, pois equivalia a reconsiderar a base social do partido, quebrando o monopólio representacional dos trabalhadores manuais industriais e buscando ser o intérprete dos assalariados em geral. Ou gueto eleitoral, ou heterogeneidade programática — eis a alternativa da socialdemocracia.

Essencialmente, os partidos socialdemocratas enfrentam de forma ultra-aguda o paradoxo de Rousseau, a saber, o de que aquilo a que cada cidadão aspira como soberano (o governo que o representa) — impostos com que financiar a produção de bens públicos, redistribuição de renda com o objetivo de minimizar desigualdades etc. — ele, cidadão, repudia como súdito, pois deseja pagar o mínimo de impostos, desaprova ver sua renda diminuída, seja em benefício de quem for etc.; e vice-versa, isto é, o que deseja como súdito (isenção de impostos, privi-

---

[7] Custos de transação referem-se ao tempo despendido e a eventuais concessões de um partido a outro na negociação de uma proposta de lei. Cf. Coase, 1988.

légios) é, para ele, inaceitável como soberano, quer dizer, como obrigação do governo. É a esquizofrenia rousseauniana. Sem dúvida, todos os partidos não-fundamentalistas defrontam-se com o mesmo problema, mas, nos partidos não-socialistas, a hegemonia da ideologia do individualismo possessivo facilita a negociação interna das facções partidárias que representam interesses em competição. Nos partidos socialdemocratas, na medida em que continuem atados à generosa inspiração de seu aparecimento, a complacência com interesses contraditórios não deve ultrapassar o limite em que os princípios diferenciadores do partido se desvaneceriam. Neste caso, daria origem a outra descontinuidade no equilíbrio dinâmico vigente, instaurando outro tipo de partido e outra dinâmica competitiva.

A abdicação de interesses autocentrados em benefício da comunidade mais ampla tornou-se viável, na ausência de complementaridade de interesses no curto prazo, pelo convencimento das partes de que um adiamento no tempo permitiria melhores condições para todos no futuro. Mudando a taxa temporal de desconto dos heterogêneos grupos que os apóiam, os partidos socialistas se mantêm como efetivos concorrentes à conquista do poder.[8] A viabilidade dessa estratégia, no entanto, dependeu historicamente de um compromisso com grupos para além dos confins das variadas espécies de assalariados, ou seja, de compromissos com os capitalistas.

A participação dos partidos socialistas nas sucessivas corridas eleitorais fundou-se na decisão estratégica de buscar votos alheios ao exclusivo eleitorado de trabalhadores manuais. Essa ampliação de seu apoio eleitoral só se tornou possível na medida em que ofereceram uma troca de benefícios imediatos por ganhos ainda maiores no médio e longo prazos. Se não se tratava de estabelecer um jogo de soma zero, no qual os ganhos de uns decorrem, infalivelmente, das perdas de outros (os partidos socialdemocratas já haviam abandonado a perspectiva de expropriação dos capitalistas por via legislativa), a promessa de melhores dias só se concretizaria em um universo econômico em expansão, o que exigia investimento e aumento da produtividade, dada uma certa taxa de poupança, cláusulas que estavam subordinadas ao montante de lucros dos empresários. A conquista de apoio aos partidos reformistas decorreu (e aqui saltamos algumas décadas de conflito distributivo) de um compromisso entre os segmentos assalariados, repre-

---

[8] Taxa temporal de desconto refere-se à diferença do valor atual de um bem, no presente, comparado ao seu valor no futuro.

sentados por seus sindicatos e partidos, e as classes proprietárias. Por esse acordo, os capitalistas teriam respeitadas as condições para a realização de seus lucros, em troca do compromisso de que razoável fração deles fosse orientada para investimento e subseqüente melhoria material dos trabalhadores.

A socialdemocracia, agrupamento político cuja existência sempre dependeu das garantias do sistema representativo, viabilizou-se como resultado da opção por competir eleitoralmente pelo poder. Implícita na opção encontrava-se a renúncia ao objetivo de substituir a ordem econômica por meios legislativos — se acaso viesse a conseguir condições majoritárias para tanto. Ficava estabelecido um contrato, muitas vezes tácito, pelo qual a dinâmica acumulativa dos capitalistas seria não apenas respeitada, mas estimulada, preservado o suposto de que o crescimento econômico estaria assegurado pela taxa de investimento empresarial, e a concordância, por parte dos capitalistas, de que o progresso dos assalariados também deveria ser tópico de política pública estatal, independente dos ditames imediatos dos mecanismos de mercado. Fórmula bastante feliz para impedir, como resultado não esperado, que se criasse uma duplicidade entre a instabilidade produtiva da área institucional e a estabilidade estéril de uma infra-estrutura mumificada. Claro, não existem parâmetros que decidam, com antecipada certeza, quais são as taxas apropriadas de poupança e investimento, ou de gastos públicos sociais equilibrados. Por isso, a disputa em torno de tais parâmetros caracterizou a história européia nos últimos 50 ou 60 anos, opondo socialdemocratas e aliados a liberais e conservadores, exigindo que fossem ativados, em tempo hábil e na medida certa, os instrumentos da democracia, daí resultando, em cada país, a respectiva combinatória institucional contemporânea.[9] Pois essas instituições democráticas — sem as quais a expansão dos direitos civis e sociais de toda a população, com benefícios e segurança para os trabalhadores, não ocorreria — são as mesmas que estão recebendo diagnósticos e prognósticos pessimistas, vindos da direita, mas também, estranhamente, da esquerda. Ou seja, grupos que, em outros tempos, se identificavam com o progresso da liberdade e da justiça, à direita e à esquerda, ainda que por distintas razões, estão sugerindo enfaticamente que os instrumentos democráticos estariam exaustos e convertidos em empecilhos a novas

---

[9] Os efeitos dos sistemas eleitorais (instrumentos da democracia) sobre as relações entre representantes e representados são cuidadosamente estudados em Powell Jr., 2000.

conquistas. Na mais branda das versões, a democracia se veria ameaçada de forma inédita, a saber, pelos cidadãos que dela se beneficiaram e beneficiam.

Existe crescente hiato entre expectativas de consumo e consumo efetivo, de ascensão social bloqueada por congeladas estratificações sociais, de mais eficaz participação do poder por meio de canais não-convencionais, e a percepção da distância entre ambição e capacidade de satisfazê-la, o que propiciaria o manifesto alheamento em relação às instituições tradicionais.

Os sinais de que, em alguns países, os clássicos indicadores de higidez democrática apresentam certa deterioração têm estimulado investigações sobre uma possível erosão do capital social brasileiro. Os diagnósticos são variados, bem como as terapias recomendadas, mas o problema é aceito como genuíno. As manifestações neo-republicanas, no Brasil e no exterior, ocupam o extremo radical dos diagnósticos, ao insinuarem que as instituições representativas não têm reserva de engenharia para auto-recomposição satisfatória em prazo útil. A moderada escola que sugere terapias de urgência considera que a democracia se encontra, em todo o mundo, submetida a duros desafios, subscrevendo, portanto, o diagnóstico, mas não o tratamento neo-republicano. No Brasil, são os permanentes advogados da extensa reforma política os representantes da tendência moderada. Há divergências quanto às soluções propostas, em matérias tais como legislações eleitorais e partidárias. Em todo caso, ninguém duvida, no mundo contemporâneo, da gravidade do problema. A distribuição geográfica do perigo não é homogênea, contudo, e convém circunscrever os paralelos e meridianos em que se enquadra a nossa interrogação nacional.

2

A INFRA-ESTRUTURA DO BRASIL MODERNO E A INTERROGAÇÃO NACIONAL

A interrogação brasileira é singular porque as ameaças que assustam as tradicionais democracias ricas não estão presentes no país. Em compensação negativa, o fundamental problema da universalização dos direitos constitucionais e a erradicação da miséria absoluta, há muito resolvidos pelas nações do Primeiro Mundo, ainda estão pendentes. Na contabilidade positiva, duas das sérias críticas que as democracias ricas enfrentam no mundo contemporâneo não cabem no Brasil. Em primeiro lugar, diz-se que o eleitorado das democracias ricas, aquela parcela da população que ativa e consagra as regras de convivência política, estaria convencido de que as instituições democráticas não estão tendo a eficácia representativa que deveriam ter. Em segundo lugar, as instituições também não mais se caracterizariam por desempenho eficiente como outrora. E ambos os motivos — representação inócua e desempenho ineficiente — fazem com que a participação política dos assalariados e da classe média venha se reduzindo no volume e se deteriore a qualidade da informação de que dispõem.

Sustentando a primeira objeção — a da escassa representatividade das instituições naqueles países —, reclama-se que a elite política não interpreta corretamente as carências e prioridades do eleitorado, contribuindo para as fraturas na legitimidade dos processos formais de escolha dos representantes. Também se reclama, nas democracias consideradas sólidas, que o sistema político tem sido desapontador não só em matéria de políticas específicas, mas quanto à pedagogia referente ao que fazer com a coisa pública. As comunidades esperam que aqueles que têm a responsabilidade de representar o interesse público, ou de defendê-lo, ou ainda que aqueles que se tenham apresentado com qualificações para ocupar lugares de poder respondam positivamente a suas solicitações. Aqui, aponta-se para um descompasso entre a interpretação que os representantes da população fazem dos desejos desta e a avaliação efetuada pela própria população do consumo da política escolhida e executada.[10]

Nos países de veteranas democracias, esse descontentamento se manifesta de várias maneiras. Por um lado, existe uma acentuada queda na taxa de participação política, evidente na dieta frugal da vida partidária, por outro, o descontentamento aparece no desinteresse em concorrer a postos de poder político. Haveria um decréscimo do número de pessoas que se oferecem à competição para representar os interesses da população e, se eleitas, encaminhar propostas compatíveis com a defesa de tais interesses. O número de postulantes a cargos políticos viria caindo, assim como a participação dos cidadãos em associações privadas, seja para a promoção de causas particulares de algum segmento da população, seja para proteção ambiental ou produção de bens coletivos. O sintoma se apresentaria com duas faces: não se buscaria o corpo da representação para pressioná-lo, nem tampouco para ocupá-lo.[11]

Estaria em declínio, ademais, o número de membros das associações de bairro ou de qualquer tipo de associação. As sociedades democráticas, plurais, sempre contaram com a ativa mobilização dos grupos sociais, independentemente de estímulo, financiamento ou controle estatal. Agora, o conjunto dessas associações, a freqüência com que se reúnem, a eficiência na execução das tarefas compartilhadas — em todas essas dimensões tem sido observada significativa redução nos números exibidos pelas democracias outrora modelares. São esses indicadores negativos que animam a tese de que as instituições representativas estão a exigir profunda reformulação, segundo os moderados, ou drástica subversão, conforme os neo-republicanos. Há indicações de que o diagnóstico tem algum fundamento nas democracias ricas, mas as recomendações de terapias exageram na generalização e na intensidade que atribuem ao problema.

---

[10] É a queixa recorrente nas estatísticas que se encontram em Norris, 1999; Pharr e Putnam, 2000; Putnam, 2002; Dalton e Wattenberg, 2000.

[11] A hipótese de uma queda no número de postulantes a postos efetivos não encontra confirmação em alguns países da OCDE, entre os quais Alemanha, Áustria, Bélgica, Dinamarca, Finlândia, Itália e Noruega. Cf. Santos, 2002:283-289.

Russel Dalton, por exemplo, compara as médias de comparecimento entre as duas primeiras eleições da década de 1950 e as duas mais recentes (segunda metade da década de 1990) e conclui que, entre 19 países, somente a Dinamarca e a Suécia aparecem com diferenças percentuais favoráveis à média das duas últimas.[12] Contudo, conferindo séries históricas de mais longo prazo dos países da Organização para a Cooperação e o Desenvolvimento Econômico (OCDE), observei que só em três há realmente clara decadência eleitoral: Áustria, Portugal e Suíça. Em outros sete países da lista o juízo negativo não se aplica. No Reino Unido, por exemplo, desde 1955, o comparecimento tem sido estável e, em relação à Bélgica, a hipótese está definitivamente errada, pois, desde a década de 1920, o comparecimento tem sido sempre superior a 90% do eleitorado.[13]

Análises de maior número de tipos de evidências — especificamente, aumento do eleitorado; número de posições de poder sujeitas a ocupação por via eleitoral; descentralização, criando novas arenas de competição, e freqüência das eleições — revelam resultados nem tão sombrios, nem homogêneos, em 18 democracias da OCDE. Os autores da enumeração desses indicadores — Russell Dalton e Mark Gray — apontam para variações idiossincráticas entre os países.[14] De forma surpreendente, ao notar que a expansão do mercado eleitoral não tem correspondido a acréscimos no comparecimento, levantam a suspeita de que talvez esse descompasso não seja maléfico, posto que "maior número de escolhas democráticas pode não ser a mesma coisa que escolhas democráticas melhores",[15] dado que a complexidade dos governos atuais dificulta a obtenção de clareza nessas escolhas.

Paradoxalmente, tais conclusões são compatíveis com a escandalosa tese de Hibbing e Theiss-Morse (2002:85) de que "as pessoas desejam entregar a decisão sobre matérias políticas a outros porque não querem se envolver, mas não desejam entregar o poder de decisão àqueles que provavelmente vão agir de forma egoísta, não contemplando o interesse alheio". A má acolhida que a tese Hibbing-Morse recebeu não é suficiente para cancelar o fato de que o trabalho traz resultados fidedignos e análises responsáveis sobre um problema genuíno: o de saber se as pessoas preferem, em princípio, e mesmo quando os custos de participação são

---

[12] Dalton e Wattenberg, 2000:72, tabela 4.1.

[13] Ver as séries dos sete países na tabela 1 do Caderno de Apontamentos.

[14] Cf. Dalton e Gray, 2003, cap. 2, p. 23-44.

[15] Ibid., p. 37.

residuais, deixar a política com os profissionais. Da hipótese surgem incômodas perguntas: e se, misturada à indiferença por insatisfação, se encontrar também a concordância em entregar a política cotidiana aos políticos? Como avaliar o vigor ou a decadência das instituições democráticas se a tese do alheamento sugerir satisfação de uns ao mesmo tempo que insatisfação de outros?

Essas são angustiantes interrogações que circulam pelos países ricos. Mas, aqui, o transplante da problemática decadentista, à direita e à esquerda, se equivoca claramente, como no passado se enganaram os responsáveis pelos transplantes das teorias da modernização e do pretorianismo. A imperiosa necessidade de bem identificar o cerne da interrogação nacional decorre da trajetória recente do país, drasticamente distinta da incerteza derivada das reações pessimistas em democracias ricas. Nenhuma das tendências nelas identificadas está presente no Brasil, nem mesmo de forma modesta, como para justificar a suspeita de que a combinatória democrática brasileira estaria se encaminhando para impasses ou decadência precoce, não obstante repetidos comentários jornalísticos de superficial verossimilhança. Basta que se interpretem os indicadores nacionais de acordo com correta perspectiva histórica[16] e o sentido da evolução se tornará mais preciso.

A controvertida instabilidade institucional nativa exemplifica bem a mudança de sentido do problema conforme a ótica selecionada. Sucessos no Brasil do último século comprovam o juízo de que, se aplicada a métrica corrente do conceito de estabilidade, o país dispõe de um conjunto de instituições que não são certamente, de modo algum, comparáveis às das históricas sociedades democráticas. Temos sido uma sociedade em ebulição desde as descontinuidades provocadas pela Revolução de 1930.

A década de 1930 não inaugurou o movimento da sociedade brasileira, mas deu-lhe velocidade e nova direção, resultando de ambas o que vem evoluindo como uma espécie de revolução permanente, não muito sangrenta, a substituir formas e fluxos com certa celeridade. O Brasil se revela, de fato, lá vão mais de 70 anos, como uma sociedade extraordinariamente instável, e arrisco a aposta de que assim continuará por algumas décadas, pois os indicadores da instabilidade pregressa não desapareceram totalmente, enquanto outros foram criados. Essa perene instabilidade costuma ser interpretada como péssimo agouro, a prometer

[16] Ver os comentários sobre perspectivas centrais e periféricas.

transgressões da ordem normativa e consuetudinária. De fato, a contínua instabilidade produz transgressões, sem que, entretanto, tais conseqüências sejam sempre maléficas. Podem ser, mas não obrigatoriamente. A confirmar a especulação de Virgínio Santa Rosa (1932), justo no início dos anos 1930, muitas vezes tem se mostrado verdadeiro o vaticínio de que a desordem é criadora.

A preocupação com a velocidade e a natureza das mudanças sociais e econômicas é antiga. Durante as décadas de 1950 e 60, os estudiosos de política comparada selecionaram certas peculiaridades da idade histórica que se iniciara depois da II Guerra Mundial e as compactaram em um só conceito: "mobilização social". Os países exemplares para demonstração do fenômeno distribuíam-se pelas ex-colônias africanas e asiáticas, onde mais claramente se apresentava a essencial propriedade atribuída à mobilização — a de que os traços de uma sociedade que se moderniza costumam caminhar juntos e em sentido positivo. Certos comandos causais fariam com que alfabetização, urbanização e indícios de industrialização ocorressem sincronicamente. Sendo óbvio que a descolonização significava aumento da participação política, elegeu-se uma agenda de investigações para tentar descobrir as inter-relações dos indicadores por assim dizer básicos — educação, urbanização, industrialização — e entre estes e as manifestações de natureza estritamente políticas: formação de partidos, regras eleitorais, constituições, parlamentos. Era patente a velocidade inicial de alguns dos processos e suas conseqüências — congestionamento social das cidades, invasão política das praças públicas —, que se explicavam mais como resultado da abolição das barreiras que antes as continham do que por ânsias de estabelecer uma nova combinatória institucional. Foi na impressão de que a velocidade com que as jovens nações, juridicamente livres, se afastavam das rotinas coloniais implicaria uma acelerada marcha em direção à institucionalidade democrática que a hipótese da "mobilização social", como antemanhã da democracia representativa, falhou.

O fracasso das tentativas de criar regimes legítimos, apoiados em partidos únicos — o que justificava a identificação manipulada pelos governos de que qualquer tipo de discordância constituía traição aos valores anticolonialistas —, comprometidos com a participação direta, deu crédito à profecia conservadora de que ao fim da mobilização social encontrava-se a autocracia e, não, a combinatória representativa. O mesmo conjunto de indicadores aos quais se havia atribuído antes a virtude de promover a modernidade política — educação, urbanização, industrialização, participação ampliada — era agora apontado como responsável por resultado oposto, isto é, pelo aparecimento de regimes ditatoriais que se substituíam uns aos outros, anarquicamente, em quase toda a África e em parte da Ásia. Os fenômenos não caminham sincronicamente, afirmavam as novas hipóteses, e forçá-los ao mesmo compasso constitui convite à implantação de ditaduras. Assim, a educação devia ser provida, com certeza, mas, por outro lado, era urgente que a população não fosse incentivada a crescer, que a urbanização fosse desaconselhada, mantendo-se as populações rurais em seu hábitat tradicional e a participação política conservada em estado por assim dizer larvar, tal como o eram, nesses mesmos países, as instituições "civilizadas" do período colonial. Os índices de "mobilização", se em rápida e simultânea evolução, seriam disfuncionais. Embora não muito animadora, esta seria a malfadada alternativa à bem acolhida hipótese da explosão de demandas, ao fim da qual encontravam-se as ditaduras sem rebuços.[17]

A hipótese de um desenvolvimento político harmônico, em sintonia com transformações econômicas e sociais de grande porte, foi arquivada por irrealista. Imaginou-se, em substituição, que, de início, deviam vir os ajustes nas instituições econômicas, acompanhados de veloz escolarização (e simultânea redução na taxa de natalidade), por intermédio da qual os valores da cultura democrática seriam disseminados. Só então os novos setores urbanos e educados (civis) assumiriam, gradativamente, a responsabilidade de conduzir os negócios públicos via democracia representativa. Lucien Pye (1962) diria que, nas novas nações, marcadas pela associação de comunidades (tribos) independentes, só as Forças Armadas eram dotadas de perspectiva nacional, de onde o estratégico papel que desempenhariam no período de modernização até devolverem o poder aos civis, episódio sem data marcada para acontecer.

No início da década de 1970, Robert Dahl publicou *Polyarchy*, no qual contrastava a secular estabilidade das instituições inglesas e norte-americanas com a instabilidade francesa, citada como exemplo, porque a última resultara de uma expansão dos direitos políticos, particularmente o direito ao voto, que se dera antes de consolidadas as instituições representativas, enquanto o trajeto oposto, que resultou em invejável estabilidade, teria sido o adotado pelos países da área anglo-norte-americana. O fato de que a França, depois da Revolução de 1789, tenha vivido períodos ditatoriais mais extensos do que os que viveu sob regime de

---

[17] Samuel Huntington é o teórico preocupado, desde a década de 1950, com as relações sempre ameaçadoras, em seu entender, entre participação e estabilidade. Cf. Huntington, 1968, cap. 4.

voto universal — que lá só se implantou com relativa estabilidade depois da II Guerra Mundial, fazendo dos ensaios democráticos anteriores curtos hiatos de instabilidade na *estabilidade ditatorial* — deve ser apontado como contrário e, não, favorável à tese do desenvolvimento democrático estratigráfico. A instabilidade, lá, foi do autoritarismo, não da democracia. Crises institucionais se sucederam, fosse o regime autoritário ou não, e se a heterodoxa queda da 4ª República, em 1958, ocorreu em época de convivência democrática, Maio de 68, como ícone, transcorreu sob a vigilância e a liderança firmes, fortes e também ligeiramente heterodoxas do general Charles De Gaulle, levado ao poder precisamente como solução aos impasses de 1958.

Os estudos de política comparada são ricos em anacronismos semelhantes e outras distorções históricas, mas Robert Dahl não é quem mais reincide em estereótipos. Aliás, por padrões de economia e compreensão analíticas, o modelo da *Polyarchy* é o que melhor incorpora e torna coerentes os resultados das pesquisas que, desde *The people's choice*,[18] foram se acumulando sobre o comportamento eleitoral norte-americano. Dahl continua sendo até hoje o ponto de partida da maior parte das reflexões sobre crise ou robustez das instituições democráticas, não obstante o equívoco do exemplo a ser convocado para justificar a paciência que os analistas solicitavam às populações africanas.

As duas correntes — a da mobilização e a da contenção popular — incorreram em graves equívocos. Acertavam os críticos da tese da mobilização social quando se referiam à permanente instabilidade das instituições representativas nas novas nações. Erravam quando insistiam em que a velocidade dos indicadores de mobilização, ao provocar instabilidade, automaticamente implicava retrocesso econômico e ditadura política. Por seu turno, estavam em parte certos os advogados da mobilização social porque, ainda que a velocidades distintas, aqueles indicadores — educação, urbanização, industrialização — podem, com efeito, caminhar juntos de forma estável. Finalmente, ambas as correntes erraram ao estimar que a desordem infiltrada na combinatória colonial anterior, promovendo instabilidade, gerava inevitavelmente uma espécie de caos e, em seguida, retrocessos. Não foi considerada a possibilidade de existirem instabilidades produtivas e razões de progresso em importante contraponto material aos desperdícios e desastres que uma prolongada instabilidade certamente provoca. Sem embargo, foi

[18] Lazarsfeld, Berelson e Gaudet, 1968.

precisamente um exemplo de prolongado processo de instabilidade produtiva que terminou por desaguar no híbrido institucional brasileiro, por exemplo, incluindo-o no fluir simultâneo do presente alheio, cobrando elevado preço por sua face de instabilidade e, ao mesmo tempo, sob sua face produtiva, acumulando recursos capazes de fazer com que o desenlace de cada crise tenha sido a superação delas sob a forma de progresso. Equivocam-se os positivistas ao imaginar que o progresso é inevitável, subproduto da ciência, e erram os imprevidentes quando não o supõem possível, salvo como uma espécie de nanoversão do progresso alheio. A instabilidade produtiva é a fronteira do ingresso do Brasil na turbulência, nos avanços e recuos das combinatórias representativas.

A hipótese da mobilização social com final feliz conduziu à seleção de estatísticas de alfabetização, urbanização e industrialização para a avaliação, mesmo impressionista, do caminho supostamente percorrido pelas jovens nações, às quais vieram se juntar, particularmente a partir dos anos 1970, os países sul-americanos, irmanados na categoria de países subdesenvolvidos ou em vias de desenvolvimento. Estou mais interessado nos indicadores da infra-estrutura da política do que no renascimento da tese da mobilização social e, por isso, substituí os costumeiros indicadores de mobilização — educação e industrialização, que, no curto prazo, costumam variar independentemente — por aqueles que informam sobre os parâmetros da vida política dos países, aquelas dimensões que podem multiplicar ou minimizar problemas, mas, em qualquer caso, condicionam igualmente as soluções.

Crescimento populacional, urbanização, diferenciação setorial da economia, realocando a população economicamente ativa, e divisão social do trabalho constituem a parte mais saliente da infra-estrutura material em que vivem os indivíduos de uma sociedade. Resultam da mistura entre fluxos naturais e conseqüências de políticas de governo. O peso específico de uns e de outras varia em cada um dos quatro processos, com crescente valor atribuível ao impacto das ações governamentais. Não é necessária uma decomposição rigorosa da população para que seja aceitável a premissa de que, mesmo quando existe uma política de governo de controle da natalidade, por exemplo, a decisão de ter ou não filhos continua sendo, em última instância, dos casais. O mais relevante fator causal da decisão escapa às conseqüências das políticas governamentais, mas não tanto à marcha da urbanização.

Em conjunturas especiais, políticas públicas de saneamento, educação, saúde e emprego, entre outras, somam-se para incentivar ou desestimular a opção de habitantes rurais por se mudarem para as cidades, com repercussão nos índices de urbanização. As conseqüências das ações governamentais são mais visíveis na tomada dessa decisão do que na da anterior, isto é, ter ou não filhos. São também os desdobramentos de políticas deliberadas que acabam por se manifestar com maior evidência na distribuição da população trabalhadora pelas ocupações agrícolas, industriais ou de serviços — a divisão social do trabalho. A mão invisível da divisão social do trabalho, por fim, deriva de inovações tecnológicas na produção material, que é incontrolável em sua fonte, o progresso do conhecimento, e que estão embutidas nas políticas econômicas e de desenvolvimento científico e tecnológico dos governos.

Variáveis políticas e sociais são aqui, para todo efeito prático, imateriais, por que as pessoas não decidem ter filhos para aumentar o número de eleitores, multiplicar o congestionamento das áreas urbanas ou dar um basta ao perverso progresso científico e tecnológico, poupador de mão-de-obra e contumaz agressor do meio ambiente. Ao contrário, crescimento populacional, urbanização, diferenciação setorial da economia e aprofundamento da divisão social do trabalho são movimentos por assim dizer "naturais", pois de fato são os que determinam o ritmo de variáveis superestruturais — entre outras, o tamanho do eleitorado ou o número de municípios criados decenalmente. Muitos dos desequilíbrios a que as sociedades estão obrigadas a se ajustar periodicamente resultam de acontecimentos gerados por pelo menos um daqueles quatro fluxos naturais. Daí decorre que, quanto mais vertiginosa a velocidade desses fluxos, mais instáveis e temporários os ajustamentos, pelo que, em escala histórica de longa duração, serão catalogados como ajustes efêmeros.

Uma das vantagens comparativas das democracias ricas, ou democracias industriais avançadas, consiste precisamente na lentíssima alteração moderna (1950 em diante) de suas respectivas taxas de crescimento populacional e de urbanização. Por outro lado, se a marcha da divisão do trabalho, nas sociedades industriais avançadas, se apresenta mais rápida do que a dos outros dois processos, essa marcha, comparada com o ritmo do que pode suceder em países como o Brasil, ainda aparecerá como relativamente vagarosa. Assim, nas democracias ricas, modestas taxas de crescimento populacional e de urbanização e razoável velocidade na divisão social do trabalho permitiram que a manutenção do ritmo das mudanças institucionais fosse compatível com a marcha das adaptações sociais, sempre mais lentas. Este é o núcleo perspicaz das análises de Samuel Huntington, o qual só percebe o caos, entretanto, como o contrário dessa harmonia.

Grandes populações funcionam como importantes recursos no desenvolvimento econômico, em alguns casos, e como pesado ônus, em outros. Em um ou em outro caso, o acelerado crescimento de uma população causa forte impacto na malha de relações sociais e políticas que as instituições devem ordenar. Por se tratar de um processo basicamente "natural", as soluções sugeridas para os problemas dele resultantes estão impedidas de contar com satisfatório controle sobre sua fonte. Os números relativos ao Brasil atestam a peculiaridade das taxas geométricas anuais de crescimento, bastante elevadas. Entre 1950 e 2000, elas foram as seguintes: 3,0 (1950/60), 2,9 (1960/70), 2,5 (1970/80), 1,9 (1980/90) e 1,6 (1990/2000). A comparação com as taxas de algumas populações européias, além da norte-americana, aparece no gráfico 2.1.

Gráfico 2.1
VARIAÇÃO DO CRESCIMENTO POPULACIONAL BRASIL E PAÍSES SELECIONADOS, 1950-2000
(%)

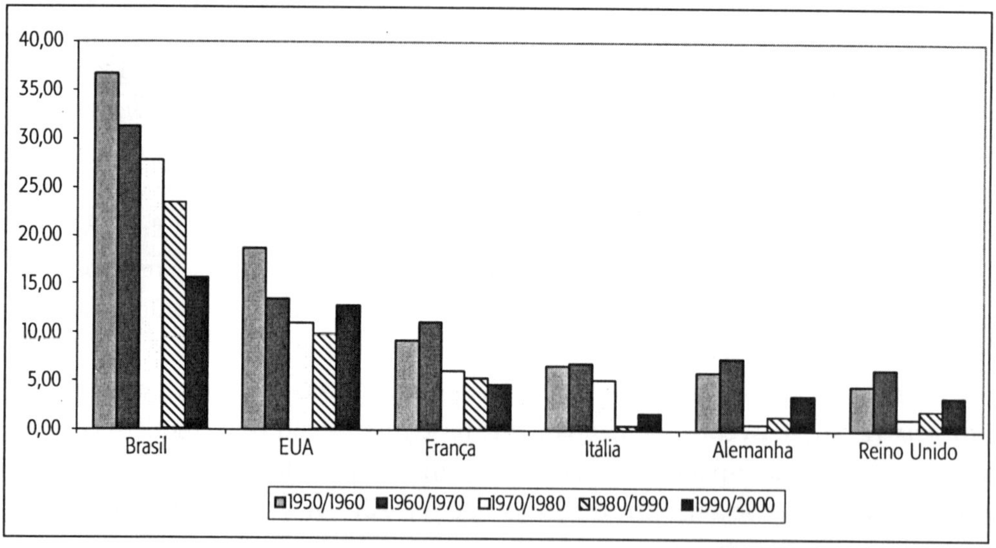

Fontes: IBGE, Censos demográficos de 1950, 1960, 1970, 1980, 1991 e 2000; U.S. Bureau of the Census: <www.census.gov/ipc/ www/ idbrank.html>.

Em ordem decrescente, observa-se que foram os Estados Unidos o país que mais cresceu, absoluta e percentualmente, naqueles 40 anos (85%), seguido da França (42%), da Alemanha (26%), da Itália (22%) e do Reino Unido (18%). Os dados nacionais brasileiros são extravagantemente superiores a todos os demais (à exceção da última década, em que o crescimento percentual da população norte-americana ficou somente três pontos percentuais atrás do brasileiro), levando ao extraordinário resultado de ter a população brasileira crescido 10 vezes mais do que a dos países europeus, menos a da França, quase seis vezes mais do que a desta e quase três vezes mais do que a dos Estados Unidos. A exposição dos números não significa aplauso ou condenação, somente ênfase em um processo cujas implicações para a vida econômica, social e política não são banais. A começar pela indagação sobre o paradeiro desse crescimento: onde vivem essas pessoas? Encaminha-se, por aqui, a descrição do retrato estatístico da urbanização.

As medidas de urbanização são controversas porque dependem dos critérios com que se definem os parâmetros. O tamanho da população poderia ser um critério, embora geógrafos e sociólogos rejeitem números populacionais brutos, desacompanhados de informações sobre as condições de vida dessas populações, como sistema sanitário, acesso a água tratada, destino dos dejetos domésticos, comerciais e industriais, ou mesmo proximidade de centros semelhantes. O sistema brasileiro de classificação inclui, como urbanizadas, cidades de porte suficiente para fazer com que as percentagens de brasileiros urbanizados cresçam, estatisticamente, de 31,2%, em 1940, para 81,2%, em 2000, tendo as cidades do Rio de Janeiro e de São Paulo passado de 61,2% para 96,0% de taxa de urbanização, a primeira, e de 44,1% para 93,4%, a segunda, ambas no período 1940-2000. Esse crescimento se deve em parte à criação de municípios, dos quais, tabulados em 2001, 24,6% abrigavam uma população de até 5 mil habitantes, 48,3% incluíam cidades com populações no intervalo entre 5.001 e 20 mil pessoas, outros 23% tinham uma população que variava entre 20.001 e 100 mil, não alcançando as maiores, como é natural, 9% do total.

Concedendo crédito à crítica de que os critérios de urbanização talvez sejam excessivamente frouxos e de que a criação de municípios tem obedecido em demasia à lógica de interesses políticos, ainda assim as estatísticas capturam aquilo que aponta para a quantidade de importante tipo de movimento — a translação geográfica em prazo relativamente curto de um contingente humano de elevadas proporções. Para quem habita o interior rural, a léguas de distância do primeiro vizinho, sem acesso a meios de comunicação, encontrar-se em uma cidade de, digamos, 5 mil habitantes significa uma revolução em hábitos, orçamento de tempo cotidiano, padrões de sociabilidade e uma exposição a contínuo fluxo de informações. Essa pessoa talvez não seja um urbanita estatístico, mas seguramente não é mais um rurícola político e social, tendo mudado não somente de local de residência, mas, fundamentalmente, de tipo de trabalho e de rede de comunicações.

A velocidade sem paralelo com que a população economicamente ativa transferiu-se do setor primário da economia (agricultura, mineração e pesca) para os setores secundário (indústria) e terciário (serviços), entre 1960 e 1980, foi estonteante. Em 20 anos, a distribuição da população trabalhadora pelas diversas ocupações alterou-se em estilo sem precedente nos primeiros 40 anos da Revolução Industrial inglesa do final do século XVIII e início do XIX, nos 40 anos da acumulação industrial americana, de 1870 a 1910, ou nos 30 anos dos dois primeiros planos quinzenais soviéticos (1928-58). Ocupando cerca de 54% da força de trabalho em 1960, o setor primário passou a ocupar não mais de 30% em 1978, enquanto o setor industrial requisitava 24,4% dos trabalhadores em 1980, praticamente o dobro dos 13,0% de 1960. Finalmente, o setor de serviços, que ocupava 27,4% da mão-de-obra em 1960, passou a empregar 36,7% dela em 1980.[19]

Nos 20 anos subseqüentes, de 1980 a 1999, a população economicamente ativa, no Brasil, continuou a retirar-se, ainda que com menor velocidade, do setor primário, o qual viria a ocupar, em 1999, 24,2% dos trabalhadores, contra 19,3% da indústria e 50% do setor de serviços. É certo que o crescimento do setor de serviços, do ponto de vista legal, trabalhista-previdenciário, é enganador, pois existe hoje maior número de trabalhadores informais (juridicamente ilegais) do que formais, estes com carteira de trabalho assinada e tendo assegurados os direitos de assistência médica, aposentadoria e Fundo de Garantia do Tempo de Serviço. Embora com repercussões nas demais áreas da sociedade, a distinção entre trabalhadores formais e informais não é crucial na construção da infra-estrutura humano-material da sociedade e de sua resistente objetividade, mas, sim, o modo pelo qual os indivíduos se inscrevem na cadeia produtiva. A distribuição por setores é um primeiro indicador, o segundo são os coeficientes de divisão social do trabalho.

Quando uma comunidade cuja divisão social do trabalho é igual a zero se transfigura por diferenciação, produzem-se dois grandes fenômenos: por um lado, dá-se o relativo isolamento dos indivíduos, cada um agora especializado em um tipo de atividade, com total abandono das demais; por outro, há a percepção de que a complementaridade de produção, garantia da sobrevivência de todos, não

---

[19] Kuznets, 1967:106, tabela 3.2. Para o Brasil, ver IBGE, censos demográficos, vários volumes.

ocorre ao mesmo tempo e em resposta automática à especialização. A reintegração da totalidade comunitária, via complementação mútua da especialização dos indivíduos, é mais lenta do que o progresso da própria especialização. Esse descompasso não é tão visível nas sociedades complexas, pelo tamanho destas e pelo anonimato do processo. Mas é verdadeiro, para todas, que a divisão social do trabalho, obrigando à especialização e à reintegração, rege os dois movimentos em tempos distintos, gerando fricções, desequilíbrios e instabilidade. Quanto maior a velocidade da mudança na taxa de divisão social do trabalho, mais fortes serão as pressões sobre as rotinas estabelecidas, sobre certos modos de organização dos grupos sociais (a maior parte dos grupos anarquistas do século XIX, por exemplo, se transforma no sindicalismo do XX) e sobre os sistemas de lealdade e de competição dos grupos de interesse, com a inevitável geração de tremores nos parâmetros sociais do mundo conhecido. De si mesma, a contínua divisão social do trabalho promove certa dose de desequilíbrio, sobretudo no rés-do-chão da pirâmide social, onde o impacto produzido pela especialização é mais extenso e doloroso, já que os expelidos em decorrência do aumento da produtividade não possuem recursos de formação e treino para se oferecerem como substitutos equivalentes em outro posto. As unidades homogêneas de mão-de-obra, que antes se equiparavam no mercado de demanda por trabalho manual não-especializado, se diferenciam na capacidade de operar tecnologia de ponta, cuja posição de vanguarda também é breve, sempre impulsionada, de acordo com a profecia bem-sucedida de Marx sobre a revolução permanente do capitalismo burguês, por novos instrumentos de produção.[20]

A incessante divisão social do trabalho, em qualquer tempo ou país, gera grupos de interesse que resistem a mudanças ulteriores, e é nessa resistência, um dos aspectos da objetividade material da sociedade, que se exprime a tendência contra-restante à difusão de novas tecnologias produtivas. Componente inequívoco do peso inercial do *status quo*, os recém-chegados grupos de interesse transformam-se de arautos de novidades em barreiras à entrada de outros competidores, ou em vetores de descaminhos nem sempre favoráveis ao progresso. A tensão permanente, os recursos mobilizados para interromper o andamento dos processos, liderados muitas vezes por agremiações de esquerda e apoiados pelo obscu-

---

[20] A certeira percepção de Marx sobre a dinâmica fundamental do capitalismo e, talvez, de sua duração no tempo encontra-se no *Manifesto comunista*.

rantismo tradicional dos nostálgicos socialistas radicais, pós-Gorbachov, contribuem para a errática trajetória da divisão social do trabalho, felizmente em pontos esparsos e limitados do universo econômico e social brasileiro.

O cálculo da divisão social do trabalho leva em conta o número de categorias econômicas em que a população é classificada. A tabela 2.1 reproduz os valores alcançados por uma medida sugerida por Gibbs e Poston Jr.

Tabela 2.1

COEFICIENTE DE DIVISÃO SOCIAL DO TRABALHO, NÚMERO DE CATEGORIAS E PERCENTUAL DO COEFICIENTE DE DIVISÃO SOCIAL DO TRABALHO (DST) SOBRE O NÚMERO DE CATEGORIAS — BRASIL, 1950-2000

	1950	1960	1970	1980	1991	2000
*M*6 (DST)	4,97	5,27	6,15	6,84	8,32	9,46
Nc	10	10	10	10	11	13
%	49,70	52,70	61,50	68,40	75,64	72,77

Fontes: 1950 a 1980: IBGE. *Anuário estatístico do Brasil 1992* e censo demográfico 1991: mão-de-obra, resultados da amostra; 2000: IBGE. *Tabulação avançada do censo demográfico 2000.*

Notas: *Nc* = número de categorias; *M*6 é um dos coeficientes de divisão social do trabalho elaborados por Gibbs e Poston Jr., 1975.

Sua fórmula é: $Nc = \left[1 - \frac{(\Sigma|x - \bar{x}|)/2}{\Sigma x}\right]$, onde *Nc* é igual ao número de categorias ocupacionais e *x* é o número de pessoas em cada categoria.

A linha *M6* dispõe os números obtidos por sua aplicação aos dados censitários decenais (o de 1990 refere-se a 1991). A segunda linha, *Nc*, informa o número de categorias profissionais usadas pelo IBGE na distribuição da população economicamente ativa, em seus macrodados, e, como o significado da medida para a extensão da divisão social do trabalho depende precisamente desse número, a possibilidade de acompanhar a velocidade comparativa do processo se faz anotando a proporção em que cada índice decenal avançou sobre o máximo possível — o que se transcreve na linha das percentagens (%). Como se nota, o valor da divisão social do trabalho aumentou bastante e sistematicamente nos últimos 50 anos. Como valor proporcional comparativo, porém, observa-se que a marcha ascendente do índice é interrompida, não em seu valor bruto (9,5), mas em sua distância em relação ao normativo e inalcançável 100% (72,8) em 2000, abaixo dos 75,2 de 1991. Esse retrocesso se deve à involução do universo do trabalho, submetido, é possível dizer, a duas décadas de estagnação econômica e, mesmo, de retração em alguns anos. De qualquer modo, é patente a velocidade da substituição de mão-de-obra multifuncional por operadores cada vez mais compartimentalizados, inconfundível sinete da subversão permanente promovida pela especialização do trabalho.

Sumariando, a edificação da infra-estrutura da matéria social brasileira deu-se com os valores da tabela 2.2, no intervalo de tempo registrado.

Tabela 2.2

INDICADORES DE INFRA-ESTRUTURA — BRASIL, 1950-2000

Crescimento populacional	Taxa de urbanização		PEA como % da população total		Distribuição setorial da PEA	Primário	Secundário	Terciário
1950-2000	1950	2000	1950	2000	1950	59,90	14,18	21,97
226,89	36,2	81,2	32,95	44,85	2000	14,60	12,10	57,29

Fontes: Para o ano de 1950: População – censo demográfico do IBGE; taxa de urbanização — IBGE. *Indicadores sociais*, 1985, v. 2, p. 19; PEA — IBGE. *Anuário estatístico do Brasil 1992*, 1993, v. 52, p. 269.
Para o ano 2000: População – censo demográfico do IBGE; taxa de urbanização — IBGE. *Banco de dados agregados*, disponível em: <www.sidra.ibge.gov.br>; PEA — IBGE. *Tabulação avançada do censo demográfico 2000*, 2002:100 e 103.

A retaguarda, ou o solo, infra-estrutural da sociedade tem estado em ebulição desde a segunda metade do século XX, pelo menos, obrigando à verificação de que o mundo muda e, às vezes, de forma muito rápida, particularmente quando as mudanças são, salvo catástrofes, irreversíveis. Ao contrário de processos tais como produção industrial, desemprego, inflação, ou mesmo magnitude da faixa etária populacional dos 70 anos, expostos a variações ocasionais, a população, a urbanização e a divisão social do trabalho não recuam. Não se trata sempre de translado da população rural para as cidades, mas, às vezes, da urbanização do campo, enquanto o processo do trabalho se torna cada vez mais complexo até que, centenas de anos à frente, se inverta o sentido da tecnologia e se passe a caminhar do complexo para o simples. Inexiste, portanto, a possibilidade de que se ancore em tal retaguarda a esperança de estabilidade que facilita prognósticos sobre o futuro, o da sociedade ou os dos destinos individuais.

As estratégias de comportamento orientadas para o futuro hão de incorporar, por necessidade, uma taxa de risco bastante elevada, resultado não só do caráter movediço da infra-estrutura social, mas também dos sucessivos reajustamentos nas estratégias dos demais. A sociedade brasileira se assemelha a um múltiplo e simultâneo jogo de escolha racional ou, em escala mais branda, de escolha razoável, sem intervalo temporal para descanso. A ebulição da infra-estrutura transmite transiência a tudo que nela se sustenta: residência, ocupação, relações comunitárias, pauta de demandas e conexões políticas. A resposta das instituições —

partidos, parlamentos, executivos — converte-se em soluções *pro tempore*, em acordos precários, em rotatividade de elites e de candidatos a elite a ritmo vertiginoso, se contrastado com o ritmo das sociedades ricas. São cada vez mais raras as empresas que se apresentam como tendo passado de pai para filho desde décadas atrás. Desaparecem, dando lugar a conglomerados de anônimos acionistas, cuja sobrevida pode também ser curta, arruinados pela volatilidade das condições financeiras do país, pela competição errática ou por uma reformulação de políticas específicas que redefinam os termos dos contratos e dos compromissos, ainda que sem ferir vetustas normas jurídicas. Descontada a ênfase estilística, é esta a dinâmica biografia do Brasil contemporâneo.

As bases sociais dos partidos se alteram com relativa pressa, o que se pode observar, em aproximação simples, nas substituições das agremiações que, desde 1945, vieram a ocupar o centro político. Nota-se, ainda em referência imediata, que a distribuição dos partidos pelo espectro ideológico, quando avaliada pelos historiadores mais recentes, sofre modificações drásticas. O Partido Social Democrático, fundado em 1945 e identificado como de "direita" até o golpe de 64, é reclassificado como de centro-direita pela posição central que ocupou no sistema parlamentar, enquanto o Partido Trabalhista Brasileiro, cuja posição de extrema esquerda só era disputada pelo Partido Comunista, foi denunciado como "populista", no péssimo sentido em que o termo implica manipulação conservadora e engodo das massas. A União Democrática Nacional, hospedeira, segundo os críticos, de todos os reacionários do país, salvo os que, ainda mais radicais, se inscreveram no Partido de Representação Popular (de origem integralista), vê-se parcialmente recuperada sob a reconsideração de haver sido a consciência constitucionalista e liberal da época, não obstante a incoerência de sua atuação parlamentar efetiva.

As coalizões partidárias para fins eleitorais, ou também parlamentares, estão submetidas à mesma instabilidade, agravada pelo mutável perfil que adquirem ao transitar pelo território nacional. Tendo em vista uma federação política de assombrosa heterogeneidade, mas com muito maior peso do que a sempre violentada federação jurídica, não existe esperança realista de que, em prazo breve ou médio, os partidos se apresentem com a mesma face em todos os lugares. Não é apenas por oportunismo eleitoral que isso ocorre. A população exige o oposto da coerência, estando ela igualmente sujeita aos solavancos que os subterrâneos movimentos da infra-estrutura acarretam. Os militantes profissionais dos partidos — com mandato ou trabalhando na burocracia — se vêem arrastados pela sucessão de fatos que não anteciparam e diante de alternativas jamais imaginadas. À exceção de Eurico Dutra, quando a grande conversão ainda não se mostrara com força, e de Juscelino Kubitschek, em tudo e por tudo um governante excêntrico em nossa sedimentada história anedótica, todos os presidentes foram considerados, no mínimo, negligentes, e até mesmo traidores, em relação às expectativas que haviam estimulado. Negligentes ou descuidados teriam sido o segundo Vargas e Jango Goulart (sem conceder aqui espaço para juízos de natureza pessoal e, com freqüência, exarados com aquela irresponsabilidade com que se humilham os vencidos); entre moderada acusação de negligência e forte suspeita de traição foi instalado Fernando Henrique Cardoso, enquanto Jânio Quadros e Fernando Collor estão decididamente incluídos entre os traidores. Presidentes por acidente, José Sarney e Itamar Franco não foram catalogados, talvez porque não se houvesse formado expectativa alguma em relação a ambos. É possível que, como resultado de futuros abalos e transformações na infra-estrutura e suas repercussões superestruturais, esses juízos venham a ser outra vez modificados em tempos futuros.

Nem a economia, nem a sociedade e nem a política escapam à lógica da instabilidade permanente. Mas já não é tão fácil perceber que existem, no burburinho do cotidiano, dois tipos de instabilidade: as instabilidades perdulárias e as instabilidades produtivas. As perdulárias só produzem desperdício, deixando um rastro de inutilidade e de frustração. As patéticas revoltas de Jacareacanga e de Aragarças, na segunda metade da década de 1950, são lamentáveis exemplos de instabilidade perdulária: nada se produziu de positivo, material ou simbolicamente, e a redução da aventura a seu tamanho real demandou gastos sem outra classificação que a de desperdício. Ao intervalo de tempo que vai do suicídio de Getúlio Vargas à posse de Juscelino Kubitschek deve-se creditar outra parcela de instabilidade desperdiçada. No outro extremo, a instabilidade criada pelo busca-pé Collor de Mello impulsionou uma série de movimentos de natureza institucional bastante produtivos. Os controles do Legislativo foram ativados e deram início a uma auto-reformulação que, apesar da insistente decepção expressa pela opinião pública, vem elevando o desempenho do Parlamento brasileiro a padrões bem acima de seu histórico sofrível.

Afora as instabilidades de grande magnitude, como as mencionadas, o dia-a-dia do país está marcado por elevada taxa de incerteza, estimulando as pessoas à adoção de uma atitude de aversão ao risco. Ao se associar a amigos ou amigas para participar de uma aposta em qualquer loteria, as pessoas se mostram dispostas ao risco imanente ao jogo, seguras de que o comportamento das instituições que o patrocinam não estão contaminadas por nenhum vírus mutante que as transformará em algo distinto ao final da rodada. O jogo é arriscado, o comportamento das instituições que o garantem não é.

Outra é a avaliação do ato de criar uma associação ou um negócio. Em ambas, como em todo projeto, existe um fator de risco inerente à ação, mas, além deste, existe o risco exógeno à natureza do jogo que se materializa nas instituições que o regulam e premiam. Sendo instáveis, não oferecem garantias de que o único risco se encontra no próprio jogo e em nada mais. A aversão das pessoas a esse tipo de risco é sensivelmente superior à aversão ao risco anterior. Tradicionalmente, as instituições que assumiam a responsabilidade pela estabilidade de todas as regras e pela imutabilidade do jogo eram as instituições políticas e judiciárias, elas próprias estáveis, de autotransformação muito lenta, e de regulamentação também endógena. Quando a sociedade começa a mover-se a um ritmo mais acelerado do que durante os séculos anteriores, e as instituições convencionais não respondem à instabilidade do momento com outra instabilidade produtiva, o desajuste perdulário é mais ou menos inevitável. Do mesmo modo, aumenta a aversão ao risco com implicações negativas para a sustentada reprodução da miséria.

Nas sociedades ricas e rotineiras não há risco em apostar nas instituições vigentes e, por isso mesmo, o jogo corre outro tipo de risco — o de se tornar monótono pela previsão dos resultados e pela redução da taxa de incerteza, uma das raízes, talvez, de parte da indiferença de seus eleitorados. O congelado bipartidarismo norte-americano ou a morna previsibilidade das eleições inglesas e, de resto, de todos os países parlamentaristas, nos quais as coalizões no poder costumam nele ficar por décadas, encontra dificuldade em manter o envolvimento e o interesse em processos efetivamente competitivos. Exceto quando uma eventual competição introduz elevada dose de incerteza, como nas eleições presidenciais de 2004, nos Estados Unidos. Em coletividades com baixa aversão ao risco político, isto é, dispostas a experimentos constitucionalmente garantidos, como o são, politicamente, os eleitorados das nações ricas, precisamente pela previsibilidade do comportamento das instituições existentes, as organizações tradicionais estão arriscadas a perder suporte e a que o público jovem se mova em busca de outro tipo de jogo, isto é, de instituições e regras que restaurem o *pathos* da disputa com resultado incerto. Às vezes com estardalhaços continentais, como na Europa e nos Estados Unidos em 1968, que, vistos de agora, foram bem mais instabilidades dissipadoras do que produtivas, não obstante as românticas memórias de alguns de seus participantes. Os movimentos de inspiração revolucionária foram dizimados — os Panteras Negras (EUA), os da Bandeira Vermelha (Itália) e o Baden-Meinhoff (Alemanha) —, substituídos por algo estranho à cultura greco-romana, de operação internacionalmente difusa e objetivo confuso: o terrorismo contemporâneo de origem islâmica. O movimento *hippie*, com sua delicada mensagem de paz e amor, presumido anúncio de um novo mundo, revelou-se completamente equivocado quanto ao futuro próximo, que se transformou em um presente mais sombrio do que o anterior período da Guerra Fria. Alheamento ou temor limítrofe do pânico são as dificuldades atuais das sociedades ricas diante da aparente insuficiência das instituições representativas, aceitavelmente operacionais por várias décadas, para dar resposta à altura das inéditas inquietações do presente.

Em uma sociedade como a brasileira, cuja infra-estrutura se move em sensível velocidade, na qual o impacto das mudanças atinge igualmente as instituições de superestrutura — partidos, parlamentos e Judiciário — e, principalmente, em que a taxa de aversão ao risco dos indivíduos é alta, recusar as instituições instáveis da superestrutura implicaria fuga, alheamento, busca de refúgio em mosteiro ou em utopias promitentes de outro tipo de superestrutura. O recolhimento monacal, porém, não é aposta acessível a quem necessita conquistar dia a dia a sobrevivência do dia seguinte, não havendo poupança que financie tal decisão. Tipos de superestruturas substitutivas — seja logo dito, apostas em mecanismos de democracia direta, implicando supressão ou subordinação dos partidos — estão expostos à mesma imprevisibilidade das demais, com a desvantagem de envolverem o interesse de um número de participantes consideravelmente menor do que os de um eleitorado partidariamente plural. Aspecto pouco debatido, os exemplos históricos de democracia direta (Atenas clássica, repúblicas renascentistas) sempre envolveram um número muito reduzido de oradores, legisladores e tomadores de decisão em relação ao total de participantes.

Embora avessos ao risco, e dispensada a alternativa irreal da participação direta efetivamente universal, os membros operantes das sociedades pobres não podem deixar de preferir o risco da instabilidade produtiva, quando existe, à certeza do caráter letal da estabilidade do estado atual das coisas. Participar equivale a aceitar riscos e, portanto, candidatar-se a um resultado favorável a seus interesses; omitir-se significa preferir os custos absolutamente certos da manutenção do *status quo*. A alternativa real, portanto, consiste em esperar por uma instabilidade que tenda ao produtivo antes que ao desperdício, já que, por definição, a abstenção e a reclusão sem custos são inviáveis. Se a instabilidade será produtiva ou não é uma incógnita, uma interrogação cuja resposta escapa a qualquer desígnio ou fatalidade. É, na verdade, a grande indagação nacional. Esta é a comunidade brasileira em que os indicadores de desânimo das sociedades industriais avançadas se transfiguram em sinais de vitalidade, sem prejuízo da permanência de um contingente de seus membros que, por cálculo conservador, optem pelo resguardo da ordem. Longe de revelar uma atitude com baixa taxa de informação, ou de algum modo irracional, há circunstâncias em que a opção pelo presente indica, ao contrário, a existência de um estoque de informação cuidadosamente preservada, ativada quando necessário, e uma decisão contra o risco sustentada por sofisticado cálculo de preferências. A grande maioria, entretanto, não dispõe da opção conservadora e suas escolhas são: ou participa, com todos os seus riscos, ou padece o *status quo*. Mas por que a participação se limita aos períodos eleitorais e, quando ocorre, às associações compensatórias? Por que não se observam grandes repúdios ao *status quo*? É de tais temas que se tratará na parte II.

O Brasil é um país instável, sem dúvida, se comparado às democracias tradicionais, e nem poderia ser diferente, por uma série de aspectos que o distinguem desses países e que podem ser vistos, contudo, sob ótica positiva, antes do que como anúncio de erosão aparentada à que se atribui às democracias tradicionais. A comparação entre indicadores de infra-estrutura revela a enorme diferença entre as sociedades industriais maduras e o Brasil. Não existem sociedades da OCDE com elevadas taxas de crescimento da população. Algumas delas, inclusive, se esforçam para continuar repondo a população atual, arriscadas que estão a um decréscimo no efetivo demográfico. Os exemplos mais dramáticos são os de Portugal e da França, que há 40 anos se encontram no limiar de experimentar taxas negativas de crescimento populacional.

A urbanização, sempre possível pela expansão de serviços e capitalização das áreas rurais, segue em marcha lenta na maioria dos Estados-nações da OCDE. São países que ultrapassaram o período em que o êxodo do campo para as cidades, sobretudo antes da capitalização das áreas rurais, se fazia apressadamente, mas que, agora, mantêm relativamente estável a população rural, medindo-se o grau de urbanização menos pelo local de habitação e mais pela dotação de equipamentos e sofisticação de serviços.

Em virtude do desenvolvimento tecnológico, desde duas, quiçá três décadas, o aumento da produtividade no setor industrial das economias avançadas gera proporcionalmente mais ocupações no setor terciário, o de serviços, do que no próprio setor secundário. O operário sujeito da história, cenário elaborado no século XIX e inícios do XX, transformou-se no conformista da classe média afluente dos países ricos. A transladação social se dá, mas em nada comparada aos números da transferência de pessoal da agricultura para a indústria, e desta para os serviços, que ocorre no Brasil, sem que aqui, contudo, a transladação ocupacional de indivíduos implique significativa mobilidade social ascendente da coletividade.[21] A divisão social do trabalho, também derivada principalmente de avanços nos instrumentos da produção, é multiplicada pelo acréscimo de especialização resultante do simples mecanismo de transformação da homogênea mão-de-obra rural, em que cada trabalhador é capaz de executar as tarefas de qualquer um dos outros trabalhadores, em heterogêneos aprendizes de tarefas singulares. É essa transfiguração de pessoas multifuncionais em especialistas que a divisão social do trabalho opera com eficiência.

Os fundamentos infra-estruturais da sociedade brasileira não reproduzem aqueles em que se assentam as sociedades industriais maduras — e isso significa que nem todos os países da OCDE entram na comparação. Portugal, por exemplo, é um dos países da OCDE que talvez espere décadas até ser apresentado aos problemas da combinatória democrática contemporânea. A instabilidade da superestrutura brasileira, por conseguinte, constitui, em primeiro lugar, um sintoma do desajustamento entre as velocidades com que se alteram a infra-estrutura e a rede institucional. Alternativamente, pode significar que os ajustamentos em via de implantação na superestrutura não correspondam com justeza às demandas da infra-estrutura. Estamos supondo, é importante não esquecer, a existência de movimentos em curso no deslocamento populacional, seja numérico, seja em local de residência, seja entre setores econômicos, ou, enfim, entre atividades. São essas as modificações infra-estruturais relevantes, sem qualquer parentesco com a infra-estrutura das relações de produção da doutrina marxista. Aponta-se para estágio anterior a tal combinatória. A superestrutura, por outro lado, refere-se ao mesmo conjunto de fenômenos designados por Marx: parlamentos, partidos, sistemas judiciários, executivos, grupos de interesse, eleições e o resto. O essencial consiste em que, sendo a dinâmica da infra-estrutura brasileira tão diferente da dos países, por exemplo, da OCDE, a reação das instituições superestruturais,

---

[21] Cf. Ribeiro e Scalon, 2005.

embora estas sejam formalmente as mesmas, costuma apresentar-se com conteúdo também diverso, a começar pela novidade de que os problemas classificados como indicadores de déficit ou mesmo decadência da democracia adquirem uma semântica distinta no país. E aqui retomamos o debate em que se mostra que a tese geral de decadência democrática não se aplica ao Brasil, não sendo por esse motivo oportuna a sugestão de reformas de grande magnitude em suas instituições políticas, e muito menos, é óbvio, procede a dogmática segundo a qual, mais do que reforma, as instituições estariam a exigir substituição por outras, orientadas pelo princípio da democracia direta. Esta é uma resposta equivocada a um diagnóstico incorreto da interrogação nacional.

Um personagem de António Lobo Antunes (1992), filosofando a propósito da passagem desigual do tempo, suspeita que "em Portugal, tirando eu que envelheço, tudo estagna e se suspende do tempo". Na verdade, não é só em Portugal que surgem fissuras entre o envelhecimento pessoal e o eventual frescor dos usos, costumes e instituições. Há quem envelheça sem que nada na paisagem se altere de forma relevante: as pessoas caducam antes do mundo. A década de 1950 nos Estados Unidos representa mais ou menos esse tipo de descompasso: antigüidade das pessoas, por um lado, marasmo social, excluída a excrescência macartista, por outro. Já na década de 1960, o ritmo de modificações do mundo, dos usos e costumes ultrapassou de muito a cronologia normal do ser humano. Moços ainda, foram os norte-americanos testemunhas e participantes de guerras sem bandeira (Vietnã e todas as interferências militares norte-americanas), da liberação feminina, da afirmação da população negra, da revolução do *chip*, dos vôos tripulados à Lua, dos ensaios de engenharia genética. O tempo de mudança da sociedade, de seus artefatos, de sua tecnologia provocou a obsolescência precoce de trabalhadores, profissões, valores, seitas e sacerdotes. Há gerações que pouco viram, outras viram em excesso. Os *hippies*, cabeludos e grisalhos, transformaram-se de guitarristas do futuro em sobrevivências de antropologia sexual. No Brasil, a transformação do mundo e da idéia de mundo encontra-se muito adiante do aparecimento de cãs nos atuais homens e mulheres maduros, com notáveis repercussões políticas, de tudo dando conta a arena eleitoral. A vasta maioria da população brasileira, de 1930 em diante, já viu praticamente de tudo, e grande parte dela de quase tudo participou. As conseqüências desse tempo acelerado aparecem nas arenas eleitoral e parlamentar.

3

A EXPANSÃO DA ARENA ELEITORAL

O transbordante crescimento populacional das áreas rurais e a relativa estagnação econômica da agricultura explicam a continuidade da expansão urbana depois de 1960, quando a população total do país permaneceu aumentando, mas a taxas decrescentes. Entre 1940 e 1960, a população cresceu a taxas mais elevadas a cada década, reduzindo-se a velocidade do crescimento desde então. A taxa de fertilidade das áreas rurais era muito superior às das áreas urbanas, compensando com sobras a diferença nos indicadores de mortalidade infantil, que são inferiores nas cidades. A ausência de dinamismo na agricultura, dos anos 1950 aos 70, agravava o problema do emprego, resolvido a meias mediante outro processo natural — a migração. Por isso, o crescimento da população urbana, particularmente o das grandes cidades, continuou positivo e acelerado. Descontadas oscilantes diferenças estaduais, a desaceleração do crescimento das cidades só veio a ocorrer 20 anos depois da queda sistemática da taxa de crescimento populacional.

Com a expansão vegetativa das cidades estável ou em queda, são os fluxos migratórios que justificam a diferença entre o crescimento da população total e o crescimento da população urbana. Livres do controle coronelístico e da coação comunitária, clânica, anônimos e dissolvidos no ir e vir de milhões de outros anônimos, os recém-chegados ingressavam rapidamente na reserva industrial de trabalho e na reserva de votos urbanos liberados e disponíveis.

Em contraste, o mais importante fenômeno migratório na Europa é o que se faz entre países, não entre áreas ou regiões internas a cada um. Ao vagaroso crescimento populacional europeu se acrescenta a reduzida importância das migrações internas e o lento acúmulo de populações em diversas áreas urbanas. Entre 1950 e o fim do século XX, a participação do contingente das maiores cidades na população total, nos 24 países relacionados pela OCDE, permaneceu relativamente estável em grande número delas. Viena concentrava 25% da população austríaca em 1950 e computava 20% dela em 1990, 40 anos depois. Bruxelas, em 40 anos, só viu seu número de habitantes aumentar de 11% para 13% da população urbana total da Bélgica. Assim como Atenas, Roma, Madri, Istambul e Sidney. Dinamarca, Luxemburgo, Japão e Turquia continuaram concentrando a mesma proporção da população em suas capitais e, em algumas, ocorreu fuga da população em direção ao interior: Paris, Dublin, Reykjavik, Oslo, Estocolmo e Londres, por exemplo. Em suma, se há alguma tendência migratória significativa é na direção oposta à maior urbanização.[22]

O alargamento da arena eleitoral devido ao crescimento da população ou à conversão de eleitores nesses países se dá pela *mobilidade etária* de uma população em movimento inercial. É sobre um eleitorado que cresce de forma lenta nas sociedades ricas que são projetadas as taxas de participação, dependentes em larga medida do comparecimento às urnas quase que dos mesmos eleitores, uma eleição depois de outra.

Os números apresentados por Robert Putnam revelam que o absenteísmo eleitoral norte-americano cresce paralelamente à juventude das gerações de eleitores: quanto mais jovem a geração, menos participativa se mostra.[23] Fenômeno similar ocorre na Inglaterra, onde, nas eleições de 2001, a tendência ao absenteísmo se manifestou com nitidez entre as novas gerações, sobretudo as urbanas.[24] Com o voto voluntário, a peculiar distribuição da participação dos eleitores norte-americanos, concentrada acentuadamente nas coortes etárias mais antigas, demonstra precisamente que, nos Estados Unidos, a questão participativa se bifurca: trata-se de manter ativo o interesse dos antigos eleitores e de instilar elevada dose de ânimo nos jovens adultos. O eleitorado que vota é majoritariamente constituído por pessoas maduras, idosos em trânsito para a senectude. Sendo o crescimento

---

[22] Cf. Lane, McKay e Newton, 1997:17, tabela 1.10.

[23] Na realidade, as gerações mais jovens norte-americanas participam menos do que as mais velhas em todas as formas de participação política e social. Cf. Putnam, 2000:252-253 para quadro resumo.

[24] Ver Butler e Kavanagh, 2002:307, apêndice 2.

do eleitorado igualmente lento nas outras democracias ricas, seria razoável esperar que a mesma tendência nelas se repetisse. Com efeito, pesquisa recente com dados amostrais de 10 países — Bélgica, Grã-Bretanha, Dinamarca, França, Alemanha, Itália, Irlanda, Luxemburgo, Holanda e Noruega — detectou que somente a Dinamarca foge à regularidade de que é entre os eleitores mais jovens que se encontram as maiores taxas de alheamento partidário.[25]

As relações entre gerações de eleitores e estatísticas eleitorais são bastante instrutivas. Na primeira eleição brasileira pós-Estado Novo, em 1945, sendo 18 anos o limite mínimo de idade para alguém se qualificar como eleitor, só puderam votar os que haviam nascido de 1927 para trás. A geração nascida no ano revolucionário de 1930 votou pela primeira vez em 1950, e a de 1937 (instauração do Estado Novo) em 1958 (nas eleições de 1954 ainda não teria completado 18 anos), juntamente com a geração de 1940. Aqueles que nasceram no ano da redemocratização, 1945, iniciaram suas vidas eleitorais dramaticamente em 1966, depois do golpe de 1964, ajudando a produzir um resultado, com a vitória da oposição nas urnas, que serviu de pretexto para a edição do Ato Institucional nº 2. Eles assistiram, sem participar eleitoralmente, ao período de competição relativamente livre que se estendeu de 1950 a 1962, ao longo de quatro eleições. Ou seja, somente as gerações compreendidas entre o ano de 1927, ou antes, e o ano de 1944 votaram nas cinco eleições nacionais anteriores ao golpe de 1964.

A geração do Estado Novo votou pela primeira vez nas eleições legislativas de 1958, para presidente em 1960, outra vez nas eleições gerais de 1962, e só voltou a votar de forma totalmente livre nas eleições para a Constituinte de 1986, 24 anos depois da última, e diretamente para presidente em 1989, aos 52 anos de idade, 29 anos depois da eleição de Jânio Quadros. Em 1949 e no ano da Copa do Mundo vencida pelo Uruguai no estádio do Maracanã, 1950, nasceram aqueles que, sem votar em 1962, assistiram à interrupção da democracia em 1964 e, muitos deles secundaristas e calouros universitários, se integraram ao audacioso exército que, a partir de 1967, desafiou pelas armas a ditadura militar. Os sobreviventes só votariam pela primeira vez em 1986, para a Constituinte, aos 36 e 37 anos de idade. Os que nasceram nesse ano da Constituinte votaram pela primeira vez nas eleições municipais de 2004 e virão a eleger o presidente da República e o Congresso Nacional em 2006 — primeira geração de eleitores cuja vida política

[25] Dalton e Wattenberg, 2000:57, tabela 3.9.

transcorreu totalmente livre depois do pacto constitucional proclamado em 1988. Os eleitores calouros da Constituinte de 1986 igualaram, em 2002, o número de eleições consecutivas gerais (cinco) de que se beneficiou a geração votante de 1945 a 1962. Só nas eleições gerais de 2022 é que os nascidos com a Constituinte de 1986 se igualarão aos dois colégios eleitorais anteriores, que, em mais de dois terços de século, votaram em cinco eleições gerais sucessivas.

Com grandes intervalos na experiência eleitoral séria dos eleitores, e tão reduzido número de eleições gerais seguidas, sem ditadura, em quase 60 anos de vida política depois da II Guerra Mundial, seria de esperar que as séries de estatísticas eleitorais superassem em maus presságios àqueles que intranqüilizam os estudiosos das sociedades ricas. Os brasileiros que nasceram nos últimos 15 anos da primeira metade do século passado, ou seja, entre 1935 e 1950, viram de tudo eleitoral e partidariamente. Viram, ainda mais, a súbita transformação da sociedade pacata de antes da II Grande Guerra em uma usina de ininterruptas transformações. As tribulações das sucessivas gerações de eleitores incluem diferentes experiências em diferentes etapas de formação cívica e respondem em grande parte pela heterogênea atitude das diversas gerações para com a competição eleitoral. Os mais velhos terão participado das cinco eleições gerais anteriores a 1964, das cinco gerais desde 1986, e comparecido ou não, no entretempo, às cinco convocatórias eleitorais dos militares. Podem, assim como os adolescentes do período ditatorial, comparar os períodos e avaliar o papel da disputa partidária e da competição eleitoral sem embaraços na vida comunitária. Os calouros das eleições para a Constituinte de 1986 e as coortes subseqüentes não farão idéia, senão literária, do que significou a política oligárquica no Brasil pós-1945. Da Primeira República, então, só encontrarão noticiário leve e preconceituoso. Assim se tem feito a memória histórica e cívica do país.

A distribuição etária do eleitorado indica que o ciclo eleitoral brasileiro é distinto dos ciclos europeus e norte-americanos. Faz total sentido afirmar que ingressamos, a partir de 1945, em um processo de "megaconversão eleitoral", com os habitantes transformando-se em cidadãos na posse de direitos de titularidade e participação no jogo político a velocidades incomparáveis. A conversão completa é relativamente recente, mas com inédita amplitude. Partimos de um eleitorado reduzido em 1945-50, por ocasião das primeiras eleições depois da queda de Vargas, para um eleitorado que, nas eleições de 2002, correspondia a cerca de 68% da população. Do ponto de vista de uma transformação não apenas eleitoral, mas cívica, pelo envolvimento nas questões do país, trata-se de um fato de suma importância. O crescimento da população na região Norte, por exemplo, entre 1950 e 1991 atingiu 456%. O eleitorado nessa região, no mesmo período, cresceu 1.426%. No Nordeste, a população cresceu 136% e o eleitorado 655%. No Sudeste, o aumento populacional foi de 178% e o do eleitorado de 649%. Na região Sul, a população cresceu 182% e o eleitorado 780%. No Centro-Oeste, o crescimento da população atingiu a taxa de 442%, enquanto o do eleitorado chegou a 1.650%. No agregado Brasil, a taxa de crescimento populacional foi de 183%, alcançando o eleitorado o índice de 727% de expansão no mesmo período (1950-91).

Em tese, seria possível que o crescimento do eleitorado variasse em maior medida, independentemente de eventual mobilização, mas como reflexo do amadurecimento de parte da população. Cada censo eleitoral incorporaria, por conseguinte, o estoque de população adicionado há 20 anos e que, agora, alcança a idade (18 anos) imposta pela legislação. Excetuando-se, para efeito de argumentação, as variações devidas a falecimento de antigos ou novos habitantes, o crescimento eleitoral deveria acompanhar proporcionalmente o crescimento populacional do passado recente. Não é, entretanto, o que revelam as estatísticas.

Tabela 3.1

CRESCIMENTO POPULACIONAL POR DÉCADAS E ELEITORAL A CADA 20 ANOS (%)

Tabela 3.1a

Região	Crescimento populacional por décadas			
	1940/50	1950/60	1960/70	1970/80
N	13,34	38,88	40,68	63,17
NE	24,52	23,41	26,73	23,83
SE	22,91	35,84	30,11	29,81
S	36,71	49,90	40,36	15,36
CO	58,85	69,43	72,38	48,72
Brasil	25,97	34,90	32,92	27,77

Tabela 3.1b

Região	Crescimento eleitoral a cada 20 anos			
	1950/70	1962/82	1970/90	1980/2002
N	154,56	316,93	396,46	202,60
NE	108,96	213,38	217,01	104,54
SE	152,17	201,66	167,17	86,55
S	219,87	222,39	146,62	67,61
CO	260,40	337,07	316,61	137,52
Brasil	153,06	217,83	189,36	95,65

Fontes: IBGE. Censo demográfico do IBGE; dados estatísticos do TSE. Disponíveis em: <www.tse.gov.br>.

O crescimento eleitoral entre as décadas de 1950 e 70 deve indicar quanto o crescimento da população ocorrido entre 1940 e 1950 trouxe de novos eleitores para o estoque de maiores de 18 anos a partir da eleição de 1970, e assim sucessivamente. O que as tabelas mostram é que o crescimento eleitoral foi sempre um múltiplo bastante elevado do percentual de crescimento da população, em todas as regiões, com especial destaque para as regiões Norte, Nordeste e Centro-Oeste a partir da década de 1970. A diferença entre os valores do crescimento eleitoral e os do crescimento populacional é de tal magnitude que, se retirássemos do crescimento eleitoral as percentagens correspondentes ao crescimento populacional, ainda assim a mobilização eleitoral se revelaria extraordinária.

A enorme distância entre o crescimento do eleitorado e o da população se expressa em um índice resumo do eleitorado *per capita*, cujos valores são bastante elevados, conforme a expressão (*Δ% Eleit. – Δ% Pop.*) para os períodos 1950-91 e 1991-2002.

Tabela 3.2
ELEITORADO *PER CAPITA* (% ELEIT.– % POP.)
BRASIL E REGIÕES, 1950-91 E 1991-2002

Região	Norte	Nordeste	Sudeste	Sul	Centro-Oeste	Brasil
1950-91	965,0	525,0	488,0	602,0	1.162,0	554,0
1991-2002	45,0	3,1	0,6	0,5	5,5	3,9

Elaboração: Leex.
Fontes: Dados estatísticos do TSE; Brasil/TSE, 1993; dados sobre o eleitorado de 2002 disponíveis em: <www.tse.gov.br>.
Obs.: Em 1950, população total; em 1991, população maior de 16 anos; em 2002, população maior de 15 anos.

No período total destaca-se o seguimento 1950 a 1991, durante o qual, para cada 1% de crescimento da população, o eleitorado crescia 4%. De 1991 a 2002 a taxa cai para 2%, significando que continua em operação a mobilização do estoque de votos até então inermes nas gerações anteriores, mas em véspera de esgotar a reserva mobilizável.

Nada disso se deve, estritamente, aos fatos de que o registro eleitoral e o comparecimento às urnas sejam obrigatórios. Em 1945 ou 1950, registro e comparecimento também eram obrigatórios e os coeficientes de registro e tamanho proporcional do eleitorado eram menores. É inegável que um número cada vez maior de cidadãos ingressa na ciranda eleitoral. Nesse período, mais do que uma conversão de eleitores, o que houve foi realmente uma "conversão cívica" da população adulta em um contingente de cidadãos de grande magnitude.

A conversão eleitoral se instalou em todas as regiões do país, entre homens e mulheres e em todas as faixas etárias, à exceção dos adolescentes. As percentagens estão na tabela 3.3. As diferenças entre os percentuais de participação de cada faixa etária no eleitorado e na população indicam onde se encontra o resto das reservas de potenciais eleitores a mobilizar ou erros de registro estatístico.

Estruturalmente, os mesmos resultados se reproduzem nas regiões, não reproduzidos aqui por economia de exposição.

Tabela 3.3

BRASIL: % DA POPULAÇÃO EM IDADE ELEITORAL E DO ELEITORADO POR GRUPOS DE IDADE E SEXO

		TOTAL											
		1992		1994		1996		1998		2000		2002	
	Idade	Pop.	Eleit.	Pop.	Eleit.	Pop.	Eleit.	Pop.	Eleit.	Pop.	Eleit.	Pop.	Eleit.
Adolescentes	16 a 17	6,56	3,57	9,72	2,25	9,68	2,35	9,50	1,77	6,19	1,88	8,37	0,92
Jovens	18 a 44	65,12	68,44	60,36	67,78	61,80	66,28	59,65	65,54	62,98	64,87	59,67	64,49
Maduros	45 a 69	23,68	24,22	24,81	25,46	23,69	26,19	25,50	26,96	25,35	26,73	26,19	27,80
Idosos	+ de 70	4,65	3,78	5,10	4,51	4,83	5,18	5,35	5,72	5,48	5,51	5,77	5,78

		HOMENS											
		1992		1994		1996		1998		2000		2002	
	Idade	Pop.	Eleit.	Pop.	Eleit.	Pop.	Eleit.	Pop.	Eleit.	Pop.	Eleit.	Pop.	Eleit.
Adolescentes	16 a 17	3,26	1,86	4,94	1,18	4,85	1,20	4,79	0,91	3,11	1,47	4,22	0,97
Jovens	18 a 44	31,97	34,44	29,32	34,12	30,33	33,35	29,08	32,93	30,98	32,23	29,00	31,90
Maduros	45 a 69	11,40	12,11	11,70	12,62	11,37	12,91	12,02	13,23	12,08	12,88	12,30	13,30
Idosos	+ de 70	2,06	2,04	2,21	2,39	2,13	2,69	2,26	2,91	2,36	2,72	2,42	2,79

		MULHERES											
		1992		1994		1996		1998		2000		2002	
	Idade	Pop.	Eleit.	Pop.	Eleit.	Pop.	Eleit.	Pop.	Eleit.	Pop.	Eleit.	Pop.	Eleit.
Adolescentes	16 a 17	3,30	1,71	4,79	1,07	4,83	1,14	4,71	0,86	3,08	1,40	4,15	0,95
Jovens	18 a 44	33,15	33,78	31,04	33,47	31,47	32,79	30,57	32,48	32,00	32,55	30,67	32,52
Maduros	45 a 69	12,28	12,00	13,11	12,73	12,32	13,17	13,48	13,62	13,28	13,75	13,89	14,41
Idosos	+ de 70	2,59	1,72	2,89	2,10	2,70	2,47	3,08	2,79	3,11	2,77	3,35	2,96

Elaboração: Leex.

Fontes: Brasil/TSE. Estatística do eleitorado, disponível em: <www.tse.gov.br>; Censo demográfico de 1991, disponível em: <www.ibge.gov.br>; IBGE. *Anuário estatístico do Brasil 1996*, 1997:2-11, v. 56, com base na Pnad; IBGE. *Anuário estatístico do Brasil 1997*, 1998:2-18, v. 57, com base na contagem da população de 1996; Pnad 1998, disponível em: <www.ibge.gov.br>; censo demográfico 2000, disponível em: <www.ibge.gov.br>; Pnad 2002, disponível em: <www.ibge.gov.br>.

Notas: Para 1992, a população refere-se a 1991; para 1994, a população refere-se a 1995; para 1994, 1996, 1998 e 2002, a faixa dos adolescentes refere-se à população de 15 a 17 anos; para 1994, 1998 e 2002, não está incluída a população da zona rural de Rondônia, Acre, Amazonas, Roraima, Pará e Amapá.

Obs.: O percentual de eleitores homens e mulheres para cada faixa de idade é calculado sobre o eleitorado total. Assim, em 1992, 34,44% do eleitorado total compunham-se de homens com idades entre 18 e 44 anos; o percentual da população (total, homens e mulheres) é calculado sobre a população eleitoral total; foram suprimidos da tabela, porém não dos cálculos, os dados de idade ou sexo ignorados.

Resta, de importância, a população qualificada para votar na faixa dos 16-17 anos, estando as demais coortes etárias quase que integralmente envolvidas pela dinâmica política. O mesmo pode ser afirmado em relação às regiões do país, tanto para homens, quanto para mulheres. Finalmente, a sociedade política, a *polis*, coincide com a sociedade privada, o *demos*. Um gráfico metafórico apareceria com o que se segue:

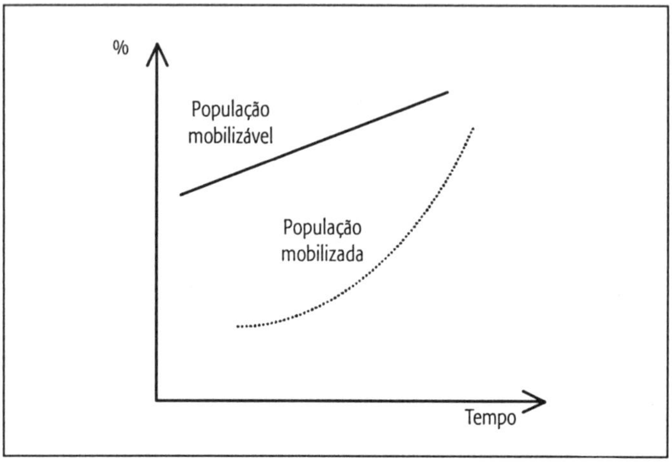

O impacto do crescimento populacional no tamanho do eleitorado, ao longo do tempo, deve-se à competição por votos, que leva os partidos a disseminarem diretórios para além das fronteiras do espaço competitivo anterior (daí as enormes taxas de crescimento do Norte e do Centro-Oeste), e, em especial, à redução constante dos custos de participação eleitoral. Os documentários e fotografias de eleições mostrando eleitores viajando em balsas rio abaixo para votar a quilômetros de distância, motivos de chacota na década de 1950 e tomados como prova de insuperável atraso nacional, eram, na realidade, indicadores de progresso, pois estavam recrutando para a disputa populações até então marginalizadas ou eleitoralmente ociosas. Na verdade, importava pouco se os transportes no interior do país eram fornecidos por cabos ou coronéis eleitorais. Relevante é a evidência de que cabos e coronéis estavam obrigados a alistar e transportar novos votantes, sem os quais não mais estaria assegurado o sucesso na competição. Institucionalmente, observa-se acelerada expansão do número de municípios, de zonas e seções eleitorais, assinalando os sucessivos transbordamentos de eleitores das zonas e seções preexistentes, expandindo a infra-estrutura material das eleições.

O ministro Nelson Jobim, quando relator pelo Tribunal Superior Eleitoral, reclamava por maior número de seções eleitorais, para que cada uma delas acolhesse o voto de não mais de 400 eleitores, em contraste com as eleições de 2002, nas quais cada seção eleitoral registrava mais de 600 potenciais votantes. Conforme o registro para as eleições municipais de 2004, entretanto, a média de eleitores por seção oscilou em torno de 500. É o crescimento populacional que impulsiona, ao mesmo tempo, o crescimento do eleitorado e a criação de novos municípios, e estes a demanda por novas zonas e seções eleitorais, sem embargo de que sejam iniciativas que requerem diferentes períodos de maturação.

A multiplicação municipal permaneceu relativamente contida durante o período 1941-63, quando foram criados 99 municípios/ano, e durante o período 1964-88, no qual a razão até diminuiu para 24 municípios/ano. Mas, nos 12 anos subseqüentes (1988-2000), observa-se um ritmo crescente na criação de novos municípios: 101 municípios/ano entre 1989 e 1992, 157 municípios/ano na média dos três anos seguintes, e 177 municípios/ano de 1997 a 2000.[26] A densidade populacional do país, todavia, ainda resulta baixa, não obstante o congestionamento das grandes cidades, porque a extensão territorial desocupada é enorme.

Território desocupado, acoplado a difusão do mercado econômico, implica cissiparidade da célula básica da organização jurídico-política do país — o município. Criado o novo município, pelo menos uma zona eleitoral estará automaticamente estabelecida, posto que a população transbordante, se adulta, como obviamente será, estará composta não só por pessoas, mas por pessoas que agora são eleitores. E cada zona eleitoral tende a ter mais de uma seção, isto é, mais de um local em que, efetivamente, o eleitor expressa sua preferência.

O mesmo crescimento populacional básico, e natural, estimula a expansão tanto de sedes municipais quanto do eleitorado, ambos desaguando no aumento do número de zonas eleitorais e, em decorrência, de seções. As relações entre população, eleitorado, municípios, zonas e seções eleitorais são bastante íntimas, o que se revela nos valores do coeficiente de correlação de Pearson (que mede a extensão em que dois fenômenos variam associadamente) para as duas variáveis relevantes. A média da correlação entre tamanho do eleitorado e número de municípios, de 1988 a 2002, foi 0,794; a média de correlação entre eleitorado e seção, no mesmo período, foi de 0,960.[27]

---

[26] IBGE, pesquisa de informações básicas municipais 2001, disponível em: <www.ibge.gov.br>.
[27] As correlações entre eleitorado e município, eleitorado e seção, ano a ano, encontram-se na tabela 3 do Caderno de Apontamentos.

Evidentemente, o aumento da população e, por decorrência, após pouco mais de década e meia, o do eleitorado estabelecem o solo infra-estrutural sobre o qual se assentam as demandas no nível da superestrutura, isto é, no nível dos executivos e dos legislativos locais. A chegada da competição político-partidária a essas longínquas e recém-criadas seções do Tribunal Superior Eleitoral torna-se uma questão de tempo, curto. Ao facilitarem o exercício do voto, mediante a criação de zonas e de seções eleitorais, os tribunais inauguraram, desde a década de 1950, a operação de um mecanismo de redução dos custos de participação, aspecto recentemente descoberto pelos analistas das sociedades ricas como um dos sintomas de que talvez haja lugar para a recuperação democrática em seus países.[28] Aliás, dos quatro indicadores mencionados pelos autores — aumento do número de arenas eleitorais, do eleitorado, freqüência de eleições e aumento do número de posições de poder submetidas a eleição —, o Brasil preenche com folga os dois primeiros, mantém a mesma freqüência de eleições legislativas e somente em relação ao quarto indicador não apresenta progressos.

A multiplicação do número de zonas eleitorais constitui sólida evidência infra-estrutural, básica, das instalações que acompanharam, auxiliando, a grande conversão em processo. Pela relevância da informação, está consolidada na tabela 3.4 a evolução desses números, por região e eleição.

Tabela 3.4

NÚMERO DE ZONAS ELEITORAIS E CRESCIMENTO PROPORCIONAL POR REGIÕES, 1988-2002

	Zonas eleitorais									Crescimento proporcional
Regiões	1988	1989	1990	1992	1994	1996	1998	2000	2002	(1988-2002)
Norte	114	145	184	193	212	225	243	245	246	115,79
Nordeste	777	777	800	868	905	912	877	878	879	13,13
Sudeste	803	803	803	832	853	977	995	1.006	1.019	26,90
Sul	406	407	414	423	460	479	481	481	481	18,47
Centro-Oeste	220	199	199	214	236	243	247	250	257	16,82
Total	2.320	2.331	2.400	2.530	2.666	2.836	2.843	2.860	2.882	24,22

Fonte: Estatística do eleitorado, disponível em: <www.tse.gov.br>.

[28] Dalton e Gray, 2003.

Além do Brasil, poucos são os países em que ainda sobram espaços de magnitude tal que venham a constituir importante ingrediente no aumento da participação eleitoral da população. A densidade populacional da Europa (mais o Japão) é ecologicamente aceitável. Em 1990, a Bélgica apresentava uma densidade de 327 habitantes por quilômetro quadrado, exatamente igual à do Japão, ambos na retaguarda da Holanda, com 366 habs./km^2. A então República Federal da Alemanha, com 254, e o Reino Unido, com 235, vinham logo a seguir. Da OCDE, os países que se mantinham fora da lista de alta densidade demográfica eram a Austrália (2 habs./km^2), Islândia e Canadá (3 habs./km^2), Nova Zelândia (13 habs./km^2), Suécia (19 habs./km^2) e Estados Unidos (27 habs./km^2). À mesma época, em 1991, a densidade demográfica brasileira registrava 17 habs./km^2, superior apenas à densidade populacional de Finlândia, Islândia, Noruega, Canadá, Austrália e Nova Zelândia.[29] Nenhum país da Europa, salvo a Rússia, será capaz de ultrapassar, ou sequer alcançar, a casa dos 100 milhões de eleitores, e na Ásia, além das gigantescas China e Índia, somente o Paquistão e a Indonésia apresentam eleitorados de grande magnitude.

Evidentemente, e essa é uma opinião que não deve ser simplesmente repudiada com adesivos depreciativos, há os que advertem para os riscos potenciais de eleitorados de inimagináveis grandezas, certamente com algum exagero. Para dar um exemplo, na data em que as civilizadas inglesas conquistaram o direito a voto, 1928, o eleitorado britânico aumentou em cerca de 40%, passando dos 16.640.279 eleitores registrados naquele ano para 22.648.375 no ano seguinte, 1929. Número assustador à época, mas de perfil modesto diante dos números contemporâneos de países como o Brasil, ou mesmo como a Alemanha, na Europa. De qualquer modo, é impossível negar o fenômeno brasileiro da conversão eleitoral, sua velocidade e magnitude, em comparação com outros países. Nos exemplos apresentados a seguir, merece atenção a diferença entre os percentuais de crescimento populacional e eleitoral de alguns países, responsáveis imediatos pelos resultados da última coluna, a do crescimento eleitoral *per capita*. E, à exceção da Itália, em todos os demais há pelo menos um período em que a taxa de crescimento eleitoral foi negativa em comparação com a do crescimento populacional.

---

[29] Para países da OCDE, ver Lane, McKay e Newton, 1997:10, tabela 1.3.

Tabela 3.5
CRESCIMENTO ELEITORAL, CRESCIMENTO POPULACIONAL E ELEITORADO *PER CAPITA*, 1950-90
(ALGUNS PAÍSES DA OCDE)

Países	% crescimento eleitoral	% crescimento populacional	% cresc. eleitoral – % cresc. populacional
Alemanha			
1950/60	19,97	6,01	13,97
1960/70	3,30	7,32	-4,01
1970/80	11,78	0,66	11,11
1980/90	39,65	1,38	38,27
França			
1950/60	12,27	9,18	3,09
1960/70	8,51	11,20	-2,70
1970/80	18,91	6,07	12,84
1980/90	6,57	5,32	1,25
Itália			
1950/60	13,00	6,57	6,43
1960/70	8,33	6,90	1,43
1970/80	18,59	5,20	13,39
1980/90	7,96	0,52	7,45
Reino Unido			
1950/60	2,86	4,48	-1,62
1960/70	11,14	6,22	4,92
1970/80	4,46	1,23	3,23
1980/90	5,22	2,09	3,12
EUA			
1950/60	11,53	18,65	-7,12
1960/70	13,86	13,49	0,36
1970/80	30,54	11,06	19,48
1980/90	15,23	9,84	5,39

Fontes: Para população do Brasil: IBGE; para os outros países: <www.census.gov/ipc/www/idbrank.html>; para eleitorado: TSE, dados estatísticos, vários volumes; e Santos, 2002.

Notas: Alemanha: anos eleitorais de 1949, 1961, 1969, 1980 e 1990; França: anos eleitorais de 1951, 1962, 1973, 1981 e 1993; Itália: anos eleitorais de 1953, 1963, 1972, 1983 e 1992; Reino Unido: anos eleitorais de 1950, 1959, 1970, 1979 e 1992; EUA: os anos eleitorais correspondem aos da tabela.

O brasileiro é um eleitorado que comparece. Todavia, a percepção de crescente alheamento, justificável no Primeiro Mundo, encontrou eco no temor de que a queda quase contínua na freqüência do ato de votar, presente nas democracias ricas (com as qualificações que introduzi), esteja se reproduzindo no Brasil. O temor se expressa na interpretação de que os números relativos a abstenção e votos em branco e nulos, em ascenso, indicariam gradativa erosão do valor da política eleitoral.

O problema é real em vários países europeus. Durante as décadas eleitorais, de 1980-84 a 1990-94, o número de votos válidos como fração do eleitorado caiu nove pontos percentuais na Áustria, 11 na então República Federal da Alemanha e sete na Noruega. Em Portugal, embora não tão rico, a percentagem de votos válidos caiu dramaticamente de 79,2 para 59,8 no mesmo período, taxa praticamente igual à do absenteísta Estados Unidos.[30] Mas não se encontra correspondência da mesma série no Brasil, no qual a taxa de comparecimento às urnas é crescente em relação à população, e cujas idas e vindas parecem obedecer a motivações racionais, antes que comprometidas com estados psicológicos de desalento. A leitura dos números, entretanto, sugere conclusões nem sempre coerentes, tornando necessária uma avaliação cuidadosa do momento eleitoral da participação política.[31]

As análises brasileiras que advertem sobre a possibilidade de maiores taxas de alheamento tomam como base factual o período que vai de 1986 a 1998 (12 anos, equivalentes a quatro eleições nacionais),[32] mais ou menos como na Europa. Nesse período, a taxa de abstenção do eleitorado brasileiro evoluiu como segue, iniciando com a primeira eleição (1986): 5%, 16% (1990), 18% (1994) e 21,5% (1998). Entre o primeiro e o último ano eleitoral da série, a abstenção cresceu 16,5 pontos percentuais, valor que assustaria qualquer analista europeu, exceto os portugueses. Em correspondência a uma tendência comprovada, a diferença deveria assustar igualmente os brasileiros.

Exame comparativo intranacional, entretanto, revela que a eleição de referência (1986) foi extraordinariamente atrativa, apresentando a mais elevada taxa de comparecimento de toda a história — 95% do eleitorado —, pico de uma tendência crescente desde meados de 1970. Descontada essa eleição, justamente a eleição da Constituinte, as percentagens de comparecimento de 1982 a 1998 foram as seguintes: 82,8 (1982), 84,0 (1990), 82,0 (1994) e 78,5 (1998). Observa-se que, na eleição de 1990, o comparecimento foi superior ao da eleição de

---

[30] Lane, McKay, Newton, 1997:136, tabela 7.1.

[31] Lima, 2004, faz excelente trabalho de análise comparada. No aspecto particular do alheamento eleitoral brasileiro, temos posições divergentes, mas só a repetição das eleições ajudará a avaliar melhor as interpretações.

[32] É também o caso de Lima, 2004.

1982, última antes da Constituinte. Excluindo-se a excepcional eleição para a Constituinte, a taxa de comparecimento permaneceu praticamente estável, reduzindo-se somente em 4,3 pontos percentuais em 1998, em comparação com a de 1982, sem esquecer que a eleição de 1998 ocorreu 16 anos e quatro eleições gerais depois da de 1982. Em 23 países da OCDE, oito revelam diferenças iguais a 4,3 pontos percentuais, ou menores, em comparação similar. São eles: Dinamarca (2,5), Islândia (0,1), Itália (1,8), Luxemburgo (1,6), Espanha (2,9), Suíça (2,8), Canadá (3,3) e Japão (0,4).[33] Nos demais 15 países a magnitude da queda foi superior à que ocorreu no Brasil.

A hipótese de um alheamento cada vez maior do eleitorado ficaria ainda mais abalada se as análises fossem conduzidas *depois* das eleições de 2002. Os convictos da existência de decadência no envolvimento eleitoral estariam obrigados a explicar como, então, a taxa de comparecimento em 2002 (82,3%) foi superior à de 1998, um pouco acima da de 1994 e praticamente igual à de 1982, 20 anos antes? Os números passariam a sugerir interpretação diferente da interpretação pessimista.

De 1982 a 2002, a série completa das taxas de comparecimento às eleições nacionais apresenta-se como segue: 82,8%, 95,0%, 84,0%, 82,0%, 78,5% e 82,3%. Na linha de seis observações, uma foi de comparecimento anormalmente elevado (1986) e outra (1998), de anormalmente baixo, com as demais quatro observações mantendo-se nos limites do intervalo de 82,0 a 84,0. As oscilações ao longo do tempo foram poucas, com certeza, para gerar sustos hiperbólicos. A generalização de que estaria instalada de forma permanente no processo eleitoral brasileiro uma *tendência* a maiores taxas de abstenção não se apóia, até agora, nos fatos. Uma comparação mais apurada entre comparecimento e eleitorado, ambos tomados como percentagens da população, trará contribuição ao fortalecimento da hipótese contrária à decadência eleitoral.

Esperava-se que o eleitorado brasileiro compreendesse crescente fatia da população, dada a mobilização em curso. Seria surpreendente que a população eleitoralmente mobilizada com tal velocidade surgisse, no agregado, com tamanho menor do que em épocas pregressas. Mas a oscilação nas taxas de comparecimento poderia estar produzindo impactos consideráveis *na relação entre um (o eleitorado) e outra (a população)*. Em outras palavras, a preocupação realmente relevante remete à possibilidade de que, não obstante o crescimento real do eleito-

---

[33] Cf. Lane, McKay, Newton, 1997:136, tabela 7.1.

rado, *a proporção, ainda que crescente, dos que se dirigem às urnas, fosse cada vez menor em comparação com a do crescimento do eleitorado, ou que, alternativamente, oscilasse.* Se verdadeira a hipótese, um eleitorado em crescimento estaria, não obstante, gerando uma taxa de alheamento superior à taxa de crescimento do eleitorado.[34] É essa a inferência mais relevante, embora implícita, na hipótese da abstenção progressiva. O argumento correto contempla não o decréscimo absoluto nas taxas de abstenção, mas a desvantagem de seu eventual crescimento, quando comparado ao crescimento do eleitorado. De qualquer modo, o argumento não é comprovado pelos fatos. Tanto o eleitorado quanto o comparecimento, ambos como *proporções da população*, aumentam persistentemente. Verifica-se, por certo, que o ritmo de crescimento do eleitorado é superior ao do comparecimento, significando, sim, que nem todo o eleitorado comparece (o que já se sabia), mas também, positivamente, que o crescimento da participação nas eleições tem sido suficiente para cobrir, com saldo positivo, a defecção dos absenteístas. O gráfico relevante é disposto a seguir:[35]

Gráfico 3.1
ELEITORADO E COMPARECIMENTO
CÂMARA DOS DEPUTADOS, 1945-2002
(% SOBRE A POPULAÇÃO)

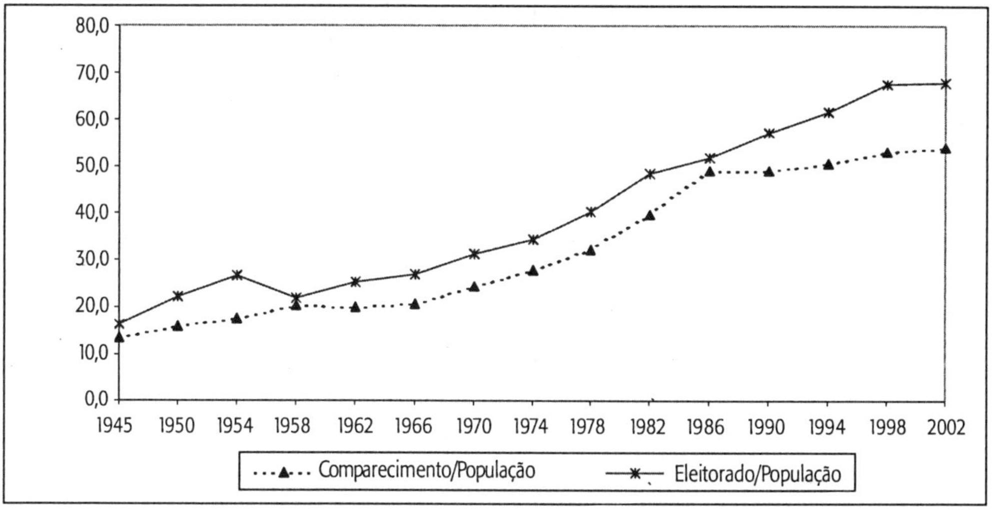

Elaboração: Leex.
Fontes: TSE. Dados estatísticos, vários volumes; cf. Santos, 2002.

[34] Mais formalmente, a hipótese implica a seguinte igualdade: (Δ *Comparecimento* – Δ *Eleitorado* = tendência para valores negativos).
[35] Ver dados na tabela 4 do Caderno de Apontamentos.

Finalmente, dois outros importantes tipos de conexões caracterizam as relações entre eleitorado, absenteísmo (a negação do comparecimento) e rejeição (votos em branco e nulos): a conexão expressa pela percentagem de votos válidos sobre o total de eleitores e a associação refletida na percentagem de votos válidos sobre o comparecimento, excluído, portanto, do comparecimento o total dos votos em branco e nulos. Por essas associações mede-se o impacto da gazeta eleitoral (abstenção) e dos votos em branco e nulos (rejeição) nas estatísticas das eleições.

Das duas conexões, a segunda (votos válidos sobre comparecimento) é a mais significativa, posto que a relevância da primeira (votos válidos sobre o total dos eleitores) depende da extensão em que seja verdadeira a presunção de que, caso os eleitores que se abstiveram comparecessem, também votariam nulo ou em branco na proporção expressa pela segunda associação (votos válidos sobre comparecimento). Ou seja, enquanto a primeira associação autoriza a formulação de hipóteses contraditórias sobre como votariam os eleitores se houvessem comparecido (nas mesmas ou em diferentes proporções das proporções de votos em branco e nulos apuradas), a segunda associação informa qual foi efetivamente a decisão dos eleitores que compareceram. Vale repetir, em relação à percentagem de votos válidos sobre total de eleitores, que a sucessão de quedas nesses valores depois do elevado aumento que registraram na eleição para a Constituinte (89% de votos válidos, com arredondamento) é retificada pelo número de votos válidos na eleição de 2002. Como visto, na eleição de 2002, a percentagem de votos válidos sobre o total do eleitorado (76%), cadente em relação à de 1986, vem a ser, contudo, o sexto melhor resultado no conjunto de 15 eleições, e superior às três eleições que a antecederam.

A série dos votos válidos sobre o comparecimento é de extrema utilidade, pois contribui para esclarecer a influência do voto eletrônico nos resultados eleitorais. O conjunto revela a flagrante estabilidade dos números, mantendo-se a proporção sempre acima dos 90% (fora os três resultados da década de 1990, em queda constante), e mostrando que a percentagem positiva de votos válidos em 2002 (92,4%), quando da universalização da votação eletrônica, *foi a menor*, e não a maior, de toda a história pregressa das eleições nacionais. Repetindo: exceto nas eleições de 1990, 1994 e 1998 e na atípica eleição de protesto de 1970. Isso significa que deve ser vista com cautela a hipótese de que a redução na taxa de votos em branco e nulos tenha resultado exclusivamente da introdução do voto eletrônico, já que, a ser inteiramente procedente, deveria proporcionar a maior taxa de votos válidos da história eleitoral.

É certo que, embutida em todos os números, existe uma parcela de votos inválidos (no total dos nulos) atribuíveis a erro, e portanto corrigíveis pelo voto eletrônico, antes que à deliberação do eleitor, como foi em larga medida o caso de 1970. Mas, por isso mesmo, a diferença entre os resultados de 2002 e todos os demais, salvo os das três eleições imediatamente anteriores, deveria ser enorme em favor da eleição com voto eletrônico, pós-1996, recurso de que não se valeram as eleições anteriores. No conjunto histórico de 12 eleições, a última (2002), a da generalização do voto eletrônico, ao contrário de apresentar substancial diminuição dos *votos inválidos* e, pois, elevada taxa de *votos válidos*, comparece com a maior taxa de votos nulos em comparação com as eleições de 1945 a 1962, à exceção desta última, a que antecede o golpe militar. A partir de 1966, e durante todo o período militar fechado, as taxas de votos nulos foram consideravelmente superiores às taxas do período não-ditatorial anterior. Nas duas eleições subseqüentes, 1982 e 1986, as percentagens de votos nulos foram inferiores à do regime autoritário, sem existência ainda de voto eletrônico. Em salto surpreendente, nas duas eleições pré-Constituinte (as de 1990 e 1994), as taxas de votos nulos foram bastante elevadas.[36] Em avaliação comparativa de série mais longa, portanto, a introdução recente do voto eletrônico revela-se com papel real e positivo, mas insuficiente para explicar a *oscilante* redução do número de votos inválidos, ao contrário do que os primeiros estudos pareciam indicar.[37]

Por exemplo, a região Sudeste, altamente educada, apresentou o mais alto índice de votos em branco e nulos em 1994, e foi a que registrou o maior índice de redução na taxa de votos em branco e nulos em 1998. São Paulo, em particular, exibia o mais alto índice de votos em branco e nulos do país em 1994 (42,1%), à exceção de Minas Gerais (45,0%), Alagoas (49,2%), Pernambuco (47,4%) e Bahia (43,6%), ou seja, somente quatro estados, entre 27 unidades da Federação. Em 1998, ao contrário, ocupava não mais a quinta, mas a 12ª posição entre os índices mais altos de votos em branco e nulos. Teria, assim, sido um dos estados em que a influência da urna eletrônica foi particularmente considerável. Conforme os números, somente seis estados mostrariam tão grande impacto da urna eletrônica, medido pela diferença entre as respectivas taxas de 1998 e 1994.

---

[36] Ver tabela 5 do Caderno de Apontamentos.
[37] Cf. Nicolau, 2002:255-295.

A interpretação das últimas eleições tem-se valido de razões *ad hoc*, isto é, não-sistemáticas, possibilitando que todos os demais resultados sejam assim igualmente interpretados, desvalorizando o impacto real da urna eletrônica. Por definição, não há evidências comprobatórias em explicações *ad hoc*, mutáveis que são tanto as explicações quanto as evidências. O problema político relevante, *não mecânico*, consiste em explicar sistematicamente as *oscilações* de votos válidos ao longo do tempo, mais do que o nível absoluto, em relação ao comparecimento e ao eleitorado. O gráfico 3.2, cujos números precisos encontram-se no Caderno de Apontamentos (tabela 6), serve como ilustração para o argumento.

Gráfico 3.2
VOTOS VÁLIDOS SOBRE ELEITORADO E COMPARECIMENTO (%)
CÂMARA DOS DEPUTADOS, 1945-2002

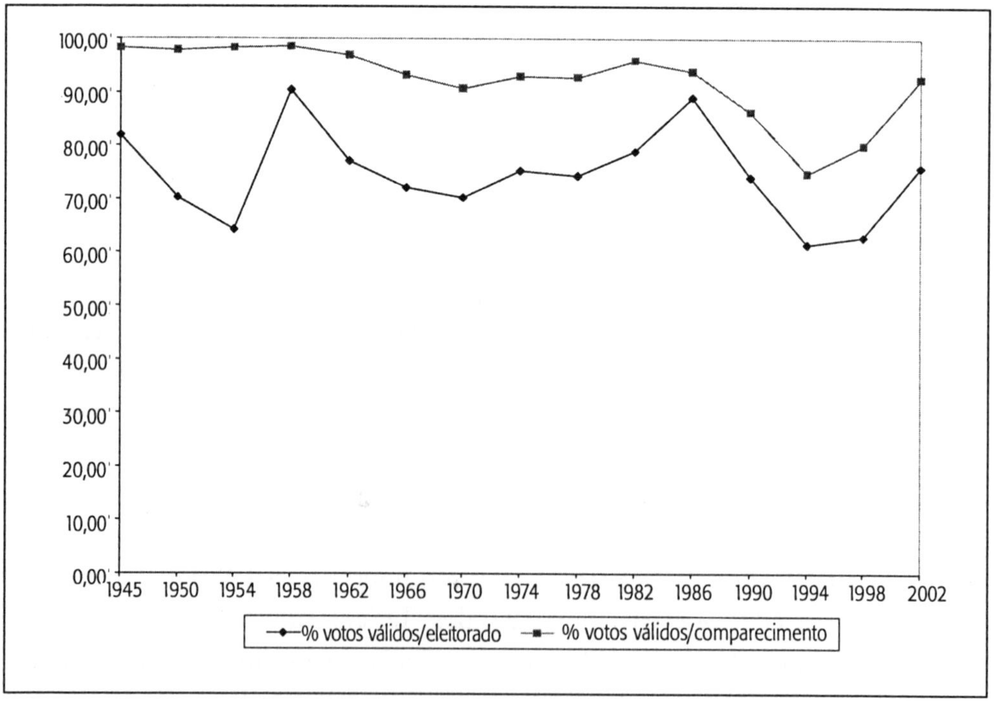

A interpretação de estatísticas eleitorais exige atenção a mais de um aspecto do voto, colhendo a oportunidade para que se perceba a radical descontinuidade entre a intenção subjetiva do eleitor (desconhecida, exceto quando claramente expressa) e as conseqüências materiais das diversas motivações. Hipóteses sobre o sentido dos resultados agregados são, ao mesmo tempo, tentativas de restabelecer as conexões entre o privado do eleitor e a conseqüência pública, consagrada pela legislação em vigor.

Entre os esquemas explicativos usuais, o que se refere às diferentes facetas do alheamento eleitoral (abstenção, votos em branco e nulos) talvez seja o mais arriscado de todos. Não é recomendável, por exemplo, somar países, cujos eleitorados revelem motivações diferentes para participar ou eximir-se das eleições, somente porque esse procedimento facilita um tratamento estatístico sofisticado. Em qualquer relatório de investigação, por exemplo, repete-se o notório fato de que as pessoas com melhor nível educacional estão naturalmente mais inclinadas a participar da vida política. Vale dizer que quanto menos educado for o cidadão, maior a chance de que permaneça, de uma forma ou de outra, alheado dela. Essas generalizações convêm a todos os países, e não é motivo de surpresa quando inquéritos de opinião, em universo de inúmeros países, encontrem associação positiva entre educação e participação, o que significa, por implicação, que ausência de educação leva à alienação. As associações são fortes e confiáveis, mas não obrigam a que cada país as reproduza em suas histórias eleitorais, particularmente no que se refere à educação, como variável exclusiva a esclarecer *variações* nas taxas de comparecimento, nos votos em branco e nulos.[38]

A atração por explicar a trajetória das taxas de abstenção, de votos nulos e em branco, em cada país se sobrepõe com freqüência à cautela e, por impróprio salto lógico, se dá por boa a hipótese de que a crônica da participação — conseqüentemente de seu oposto, o alheamento — corresponde à marcha dos níveis educacionais do país. Salto lógico inválido, e por uma razão bastante simples: enquanto as taxas normais de aproveitamento educacional, digamos, as taxas de alfabetização são sistematicamente crescentes até o teto de completa alfabetização, as de alienação (absenteísmo, voto em branco ou nulo) ora aumentam, ora diminuem. Como é possível uma variável de valores sempre crescentes explicar a variação em outra, sujeita a oscilações? Generalizando, vale a premissa estatística de que nenhum fenômeno que varie em uma só direção oferece explicação satisfatória de outro que se move ora para a frente, ora para trás. A associação que se dá em um mesmo momento do tempo entre taxas de participação e níveis educacionais (quanto mais educado o eleitor, mais comparece e vota validamente

---

[38] Na maioria dos estudos sobre erosão do capital social anteriormente citados encontra-se essa presunção.

— associação sincrônica) é positiva e universalmente significativa, inclusive no Brasil. Daí não se segue necessariamente que, *ao longo do tempo* (longitudinalmente), as taxas de participação obedeçam ao ritmo da alfabetização (ou de outro estágio educacional) de um mesmo eleitorado. Não é difícil entender a razão da discrepância entre os resultados.

Enquanto as investigações *sincrônicas*, em diversos países, têm por objeto *diferentes pessoas no mesmo instante de tempo*, as teses longitudinais supõem que *quantidades maiores de indivíduos semelhantes vão alterando o comportamento* (votar nulo ou não, por exemplo) *à medida que vão se modificando as outras variáveis que o situam no universo pesquisado* (analfabeto, 1º grau incompleto, 1º grau completo etc.). O gráfico 3.3 compõe-se de dados brasileiros reais:

Gráfico 3.3

ALIENAÇÃO COMO PROPORÇÃO DO ELEITORADO PARA A CÂMARA DOS DEPUTADOS E TAXA DE ALFABETIZAÇÃO — PROPORÇÕES E BRASIL, 1945-2002

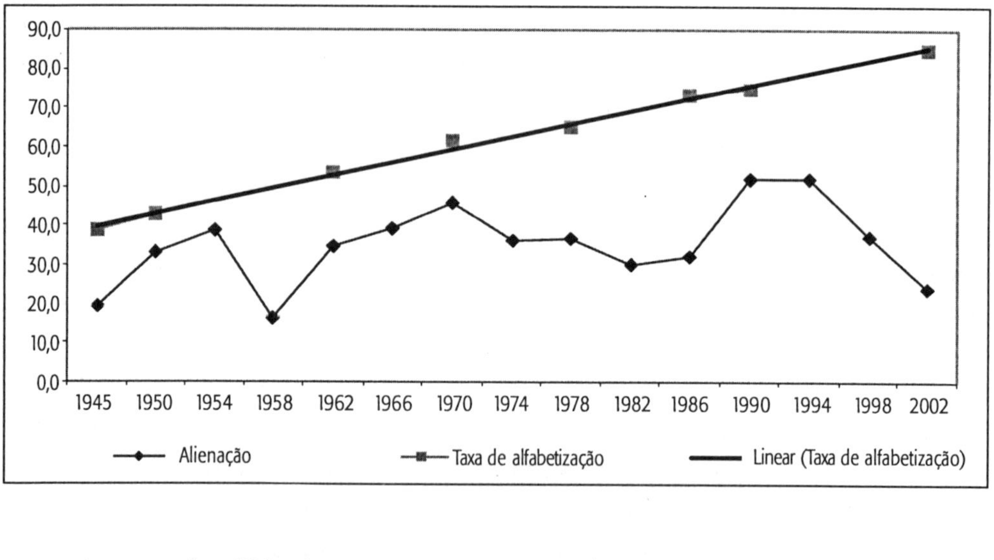

A curva da alfabetização só se move em direção a valores mais elevados e positivos, enquanto a da taxa de alienação atinge valores baixos, às vezes muito baixos, comparados a valores anteriores — quer dizer, anda para trás — e valores muito mais elevados do que os anteriores — ou seja, anda para a frente. A valer a hipótese do condicionamento da participação pela educação, ambas deviam caminhar no mesmo sentido, se não no mesmo ritmo. As retas de ajustamento dão a medida da diferença, no tempo, entre os dois processos.[39] Nenhuma função categórica, ou seja, que não varie ao longo do tempo (legislação constitucional, por exemplo), ou unidirecional, isto é, que varie em uma só direção, é útil para o entendimento de fenômenos que tanto aumentam quanto diminuem — caso da alienação. Desconhecer essa premissa leva a hipóteses apressadas, longe do cerne do problema.[40]

Adoto uma hipótese bastante simples, cujo núcleo é constituído pelas expectativas dos eleitores, independentemente de qualquer outra variável descritiva: as familiares variáveis relativas à educação e à renda. A hipótese é assim formulada: cada eleitor comparece e deposita um voto válido se imagina que o resultado da eleição lhe trará conseqüências positivas; caso contrário, não comparece ou, comparecendo, invalida o voto ou vota em branco. Trata-se de hipótese que privilegia a razoabilidade, concorrente de hipótese alternativa, a da escola da pura escolha racional, que se apóia na premissa de que, dada a ínfima probabilidade de que um voto possa alterar o resultado final, não seria razoável para qualquer eleitor incorrer nos custos da participação: tempo, deslocamento às zonas eleitorais, custos de oportunidade. A tendência ao alheamento seria natural, exceto se existissem incentivos laterais à participação. Da suposição de um puro comportamento nacional à hipótese segundo a qual a distância entre o comparecimento efetivo mais elevado do que o comparecimento esperado se explica pelo voto fisiológico é pequeno o salto. Logicamente impecável, a suposição vê-se, contudo, às voltas com o torturante problema de explicar o número fantasticamente maior de pessoas que, sim, votam — excluindo-se os casos patológicos de países em que as taxas de alienação são superiores a 50% do eleitorado.[41]

A hipótese que sustento pressupõe que o eleitor seja racional em sentido fraco, isto é, que ele é razoável, que o cálculo com que opera não é o dos manuais — em que os custos são comparados à probabilidade de influir no resultado da eleição —, mas o que opõe os custos de votar a outros e inevitáveis custos, caso

[39] Os gráficos separados e correspondentes a abstenção, votos em branco e nulos replicam o gráfico do agregado, isto é, também mostram curvas oscilantes na participação e linear na educação.

[40] Cf. Nicolau, 2002.

[41] A história de ambas as hipóteses — sobre o racional puro e o contextualizado razoável —, com as principais discussões a que deram lugar, pode ser encontrada em Carmines e Huckfeldt, 1998.

não vote. Em termos de escolha razoável, os custos de oportunidade são os mais relevantes para a decisão.[42] Trata-se de uma preferência racional por aumentar a probabilidade de vencer, mais intensa do que uma eventual indiferença em relação a resultado oposto ao que se deseja. Enquanto na hipótese da escolha racional o valor do voto se dá pelo resultado da operação de $1/n$ (sendo n o número total de eleitores), o cálculo de razoabilidade que atribuo ao eleitor é aquele que faz com que seu voto, sendo um, permaneça valendo exatamente *um* na medida em que anula, também exatamente, *um* voto contrário.

Eleições são vencidas pelos partidos agraciados com o resto de uma soma algébrica em que votos contrários se esterilizam mutuamente. Nesse cálculo, o valor de cada voto é absolutamente crucial, detendo uma eficácia de 100%, sem qualquer possibilidade de desperdício, uma vez que, automaticamente, anula em 100% o valor de um voto adversário. Eis por que, na hipótese das expectativas razoáveis, as taxas de alienação oscilam conforme a projeção que cada eleitor faz do que poderá ser o futuro para ele, caso se disponha a zerar um voto contrário, depositando o seu. Quando as conseqüências do resultado eleitoral lhe parecem altamente relevantes, ele vota; ao contrário, se considera que o futuro independe dos resultados eleitorais, tenderá a não votar ou a invalidar o voto.

A hipótese aqui favorecida — a da inclinação subjetiva — leva à obtenção de *estimativas mensuráveis e sistemáticas* das conseqüências dessa inclinação sobre o mundo objetivo, a saber, estimativas sistemáticas sobre variações nas taxas de alienação (abstenção, votos em branco e nulos). É possível avaliar a hipótese empiricamente, tal como se segue: interpretando como momentos antieleitorais aqueles em que o futuro do país parecia escapar ao controle das instituições costumeiras, listaram-se as eleições em que o clima político indicava a predominância de forças formalmente extrapolíticas.[43] Para simplificar, embora a hipótese possa ser refinada, supus que a mesma inclinação subjetiva se refletia por

[42] Custo de oportunidade refere-se ao que se deixa de obter com um tipo de atividade, trocada por outra, ou o que se pode obter com a atividade substituta.

[43] Está claro que constitui abuso de relativização confundir métrica de credibilidade com a tese de que a não-participação esgota todo o significado dos votos em branco e nulos, além da abstenção (Cf. Nicolau, 2002:286). Importa também não confundir "alienação", isto é, alheamento consciente, com manifestações de protesto ou inconsciência.

igual nas taxas de abstenção, de votos em branco e de nulos, aumentando ou diminuindo simultaneamente em relação à eleição imediatamente anterior. As eleições previstas pela hipótese como exibindo taxas de alheamento superiores às da eleição anterior foram as de 1950-54, 1958-62, 1962-66 e 1966-70. Pelas razões seguintes: em 1954 o país se encontrava em crise tal que, havendo levado ao suicídio o presidente Getúlio Vargas, ameaçava a viabilidade da candidatura e da posse de Juscelino Kubitschek; em 1962, primeira eleição nacional depois da renúncia de Jânio Quadros, duvidava-se do destino do vice-presidente João Goulart, recém-empossado na presidência; em 1966, primeira eleição pós-golpe militar, quando obviamente o país se encontrava na dependência da correlação de forças militares, e não parlamentares; e em 1970, por estar em curso uma guerra civil não declarada, sendo o Congresso impotente para determinar seu rumo. Nas demais eleições foi prevista redução nas três taxas de alheamento relativamente às da eleição anterior. É claro que nas eleições para as assembléias estaduais a taxa de abstenção foi a mesma que a das eleições nacionais, mas as taxas dos votos em branco e nulos poderiam ser diferentes. Para simplificação, outra vez, foram previstos os mesmos movimentos para a frente e para trás nas eleições dos dois níveis, federal e estadual. Operacionalmente, por conseguinte, estipula-se que a taxa de abstenção, votos em branco e votos nulos *variariam* simultaneamente e que a *direção* das variações seria também a mesma, fosse a eleição nacional ou estadual. É essa generalização que empresta caráter de sistematicidade à hipótese, ao contrário de explicações *ad hoc*.[44]

Expõem-se, a seguir, três tabelas: uma (3.6) com as taxas reais de cada eleição, comparadas às da eleição anterior; outra (3.7) com as previsões derivadas da hipótese para o sinal das variações (maior ou menor) e uma terceira (3.8) resultante da comparação entre as duas tabelas anteriores, em que se apresentam as eleições conforme as previsões corretas (sinal positivo +), incorretas (sinal negativo –) e zero (0), quando as taxas não eram diferentes nos dígitos inteiros:

---

[44] Registre-se, com ênfase, que a hipótese se refere à comparação entre taxas sucessivas e não à magnitude específica de cada taxa.

Tabela 3.6
ABSTENÇÃO COMO PROPORÇÃO DO ELEITORADO, VOTOS EM BRANCO E NULOS COMO PROPORÇÃO DO COMPARECIMENTO CÂMARA DOS DEPUTADOS E ASSEMBLÉIAS LEGISLATIVAS, 1950-2002

	Câmara dos Deputados			Assembléias legislativas		
	Abstenção/ eleitorado %	Branco/ comparecimento %	Nulo/ comparecimento %	Abstenção/ eleitorado %	Branco/ comparecimento %	Nulo/ comparecimento %
1950	28,1	4,7	2,4	27,9	3,6	2,8
1954	34,5	4,7	1,9	35,0	3,2	2,2
1958	8,0	7,5	1,7	8,2	5,1	2,0
1962	20,4	14,6	3,2	20,4	10,3	3,1
1966	22,8	14,2	6,8	22,8	12,1	6,5
1970	22,5	20,9	9,4	22,5	18,4	8,5
1974	19,1	14,2	7,1	19,2	12,1	6,9
1978	19,9	13,4	7,3	20,0	12,4	6,9
1982	17,7	10,9	4,2	17,7	11,9	4,9
1986	5,1	21,9	6,2	5,1	21,6	6,3
1990	14,2	30,0	13,7	14,2	26,4	12,7
1994	17,7	16,5	25,2	17,7	14,4	21,0
1998	21,5	10,2	9,8	21,5	8,6	8,9
2002	17,7	4,7	2,9	17,7	4,7	2,9

Fontes: TSE. Dados estatísticos, vários volumes; <www.tse.gov.br>.

Tabela 3.7
PREVISÃO DA COMPARAÇÃO ENTRE AS TAXAS DE ABSTENÇÃO, VOTOS EM BRANCO E NULOS CÂMARA DOS DEPUTADOS E ASSEMBLÉIAS LEGISLATIVAS, 1950-2002
(CONFORME A HIPÓTESE DAS EXPECTATIVAS RAZOÁVEIS)

	Câmara dos Deputados			Assembléias legislativas		
	Abstenção	Em branco	Nulos	Abstenção	Em branco	Nulos
1950-54	maior	maior	maior	maior	maior	maior
1954-58	menor	menor	menor	menor	menor	menor
1958-62	maior	maior	maior	maior	maior	maior
1962-66	maior	maior	maior	maior	maior	maior
1966-70	maior	maior	maior	maior	maior	maior
1970-74	menor	menor	menor	menor	menor	menor
1974-78	menor	menor	menor	menor	menor	menor
1978-82	menor	menor	menor	menor	menor	menor
1982-86	menor	menor	menor	menor	menor	menor
1986-90	menor	menor	menor	menor	menor	menor
1990-94	menor	menor	menor	menor	menor	menor
1994-98	menor	menor	menor	menor	menor	menor
1998-2002	menor	menor	menor	menor	menor	menor

Fontes: TSE. Dados estatísticos, vários volumes; <www.tse.gov.br>.

Tabela 3.8
COMPARAÇÃO ENTRE OS VALORES PREVISTOS PELA HIPÓTESE DAS EXPECTATIVAS RAZOÁVEIS E OS VALORES REAIS NAS TRÊS TAXAS DE ALIENAÇÃO, 1950-2002
(TABELAS 3.6 E 3.7)

	Câmara dos Deputados			Assembléias legislativas		
	Abstenção	Em branco	Nulos	Abstenção	Em branco	Nulos
1950-54	+	0	–	+	0	0
1954-58	+	–	0	+	–	0
1958-62	+	+	+	+	+	+
1962-66	+	0	+	+	+	+
1966-70	0	+	+	0	+	+
1970-74	+	+	+	+	+	+
1974-78	0	+	0	–	0	0
1978-82	+	+	+	+	+	+
1982-86	+	–	–	+	–	–
1986-90	–	–	–	–	–	–
1990-94	–	+	–	–	+	–
1994-98	–	+	+	–	+	+
1998-2002	+	+	+	+	+	+
Total +	8	8	7	8	8	7

Fontes: TSE. Dados estatísticos, vários volumes; <www.tse.gov.br>.
Obs.: Comparação entre previsto e real: previsão correta (+); previsão incorreta (–) com base na comparação entre as tabelas 3.7 e 3.6; zero = dígitos semelhantes nas duas tabelas.

O confronto entre previsões e resultados reais mostra que, para a Câmara dos Deputados, foram proporcionalmente corretas 72,7% das previsões sobre abstenção e sobre votos em branco, e 64% sobre votos nulos. No total de 39 observações (três em cada um dos 13 pares de eleições depois de 1945), 59% foram acertadas, 25,6% erradas e 15,4% indefinidas. Descontados os valores indefinidos do total, restam 33 observações com 69,3% de acertos e 30% de erros. Contabilizando por número de pares de eleições (13) e não por observações em todas as eleições (39), as previsões foram totalmente certas em quatro pares (31%) e em outros três pares de comparação os acertos foram de duas previsões em cada três, ou seja, uma taxa de acerto de dois terços em cada grupo de três observações. Em conjunto, a regra estabelecida pela hipótese promete 54% de chances de que se acertem todas ou dois terços (maioria, portanto) em cada grupo de três previsões. Os cálculos correspondentes às eleições estaduais indicam, para 13 pares de eleições, 38,5% de acerto total e 15,4% em dois terços das previsões. A probabilidade de acerto de todas ou de dois terços das estimativas previstas circula em torno de 54%. Somando-se os resultados das eleições nacionais e estaduais, o que totaliza 78 observações, chega a 59% a probabilidade de previsões corretas.

Uma aguda sensibilidade metodológica exigiria alguns testes para verificar se o desvio percentual dos resultados é significativo em relação ao que se poderia atribuir ao acaso (50% a favor, 50% contra as previsões). Entendo que tais testes são, aqui, desnecessários por uma razão de conteúdo e outra metodológica. Cada um é livre para supor que é o acaso, o azar, o imponderável, o impulso que inclina as pessoas a comparecerem (ou não) às cabines eleitorais e que, caso compareçam, decidam votar em branco, anular o voto ou, vale registrar, votar em alguém, pois a explicação do alheamento em qualquer de suas formas está obrigada a ser também boa como explicação para os votos válidos. Substantivamente, minha opção é considerar que as taxas obtidas não são resultado do acaso, mas derivadas de motivações específicas. Conseqüentemente, os movimentos nas taxas reais deverão ser diferentes do resultado que o acaso imporia. Metodologicamente, sustento que, sob a forma de probabilidades, tanto a hipótese que privilegia a do acaso, quanto a que privilegia a dos motivos apresentados (a do comportamento razoável, que favoreço) raramente corresponderão à "verdadeira" probabilidade latente da decisão de comparecimento e voto.

A base do argumento metodológico em favor da métrica que apresentei, antes que o acaso, consiste na seguinte propriedade: qualquer probabilidade hipotética que se encontre entre a probabilidade do acaso (50%) e a "probabilidade verdadeira" estará *sempre* mais próxima da "probabilidade verdadeira" do que da hipótese do acaso, exceto quando a "probabilidade verdadeira" for igual a 50%. Dizendo de outra maneira, a probabilidade derivada da hipótese da razoabilidade contará com margem de erro inferior à hipótese do acaso.[45] Figurativamente, obteríamos:

onde *A* é a hipótese do acaso, *B* a da razoabilidade e *C* a "verdadeira".

Pela razão substantiva, tanto quanto pela metodológica, escolho a hipótese "razoável" de explicação para as *variações* nas taxas de comparecimento, votos em branco e votos nulos. Acaso, voto eletrônico e educação são insuficientes para

---

[45] Cf. Lieberson, 1985.

compreendê-las como fenômeno político real, que não se explica por iluminação escolar, erro, ou moeda jogada para o alto (acaso). Há expectativas razoáveis induzindo o eleitor a votar como vota.

Subjacente ao processo inteiro, no Brasil, e principal responsável pelos elevados índices mencionados de recrutamento e de participação eleitoral, encontra-se a novidade de que duas das regiões brasileiras que durante muito tempo só fizeram parte do mapa geográfico do país, mas não de seu mapa econômico ou de sua dinâmica política, foram finalmente incorporadas à competição partidária: o Norte e o Centro-Oeste. Não existem regiões aguardando integração na Suécia, na Finlândia, na França, na Itália, na Alemanha, na Inglaterra ou nos Estados Unidos. Não existe megacrescimento do número de eleitores nesses países e tampouco nos países em desenvolvimento ou em transição democrática. Conversão eleitoral de tamanha magnitude constitui fenômeno inédito no mundo das democracias representativas. Do impacto desses números sobre a instabilidade e a incerteza de resultados eleitorais sabem mais os políticos profissionais do que nebulosas deduções conceituais são capazes de capturar, quando aplicadas inadequadamente.

Se o aumento do eleitorado e a derivada, ainda que não automática, expansão do comparecimento estimulam, em princípio, a multiplicação das demandas por representação, nela se encontra outro contraponto brasileiro antagônico ao que ocorre em algumas democracias ricas. À medida que aumenta a insatisfação da população em relação aos procedimentos eleitorais, nas democracias tradicionais, a oferta de representação (número cadente de candidatos que se apresentam) comprova a redução no contingente de interessados em competir por mandatos populares, isto é, para cumprir os clássicos requisitos de interpretar o que seria do interesse da população, propor leis, projetos e fiscalizar o uso dos recursos públicos. Daí a existência de eleições não-contestadas, isto é, em que o número de candidatos é igual ao número de lugares a preencher, tal como em algumas eleições presidenciais na Primeira República brasileira.[46]

Não é o que acontece no Brasil. Ao contrário, é também sem precedente a transformação ocorrida em nosso antigo sistema de competição oligárquica — e

---

[46] Rallings e Thrasher, 2000, trazem informações sobre eleições intermediárias não contestadas na Grã-Bretanha até 1955. Eleições não contestadas para a Câmara dos Deputados dos Estados Unidos também acontecem com freqüência. Ver U.S. Bureau of the Census, *Statistical abstract of the United States 2001*, tabelas 385 e 386, p. 239-243.

isso se refere ao número bastante restrito de pessoas que se apresentavam para concorrer a cargos legislativos, tanto na Câmara dos Deputados quanto nas assembléias legislativas dos estados. Calculando o número de candidatos por vaga, observa-se que, durante o período 1945-62, o número médio de candidatos, no Brasil, girou em torno de 3,5 para cada lugar. No Sudeste, o número foi de 4,6 para o mesmo período. No Nordeste, no Centro-Oeste e no Norte, os índices oscilaram em torno de 2,3 para a Câmara dos Deputados e para as assembléias legislativas. Do fim da ditadura de 1964 em diante, a oferta de opções ao eleitorado aumentou de maneira espetacular em todo o país. Para alguns exemplos, registre-se que na última eleição para a Câmara dos Deputados, em Brasília (2002), houve 13 candidatos por vaga. Na mesma eleição, e para a mesma esfera legislativa (Câmara dos Deputados), os números médios de disputantes por vaga foram 7,6 em Pernambuco, 8,0 em Mato Grosso e 8,6 no Amazonas. Quem costuma consultar os livros de história verificará o que significava a competição eleitoral, no período 1945-62, com sua oferta de pouco mais do que dois, e raramente chegando a três, candidatos por cadeira em disputa no Nordeste, no Centro-Oeste e no Norte, índice inferior ao da pouco competitiva Inglaterra em suas últimas eleições.[47]

Especialmente a partir de 1986, instalou-se acelerado crescimento da oferta de candidatos para os lugares de mando legislativo. Ao contrário do que acontece nas democracias consolidadas, cresceu o interesse pela administração da coisa pública. Mas é verdadeiro que no Brasil, registre-se, o caminho político é uma das vias alternativas ao mercado para a acumulação de riqueza, fortalecendo os bem difundidos juízos negativos sobre a qualidade da representação legislativa. Como é natural, a evidente disposição atual das instituições representativas para punir os desvios de conduta de seus membros, ademais das condenações, via voto, do eleitorado, e além da eficiência repetidamente demonstrada em dar resposta às solicitações do Executivo são registradas pela opinião pública como normalidade sem mérito particular, sublinhando-se, de preferência, as vulnerabilidades das instituições que operam por mandato.

É destituída de sentido, em conseqüência, a análise que busca equiparar as dificuldades da democracia brasileira ao suposto mal-estar contemporâneo das

[47] O número médio de candidatos por vaga na Inglaterra foi de 4,5 candidatos em 1992, 5,7 em 1997, e 5,0 em 2001, cf. Rallings e Thrasher, 2000; para 2001, ver Butler e Kavanagh, 2002.

democracias mais antigas. Têm sido constantes os esforços no sentido de reduzir os custos de participação, não só pela multiplicação dos postos de recolhimento dos votos dos eleitores (zonas e seções eleitorais), mas também pelo controle e fiscalização da lisura dos procedimentos de apuração da vontade popular, do voto secreto ao voto eletrônico, passando pelas cabines eleitorais indevassáveis e pelo recadastramento a intervalos regulares da população qualificada para votar. O envolvimento da população com o processo eleitoral tem sido, como se viu, espetacular, sendo cumulativo o interesse do público pelas eleições, o que compensa aquele número de eleitores que, de um modo ou de outro, se esquivam à escolha, e ainda deixando saldo favorável. Entre os elegíveis, isto é, entre aqueles que preenchem os requisitos legais para se apresentar como candidatos, é igualmente crescente o número de concorrentes, elevando o grau da competição e conduzindo à gradativa liquidação os currais eleitorais. Alarga-se de forma persistente a arena eleitoral brasileira, em movimento totalmente contrário ao que vem ocorrendo com as democracias tradicionais, conforme têm mostrado os teóricos da erosão do capital social.

Não é em absoluto negligível a colaboração da competição eleitoral para a geração de instabilidades produtivas. Aumentando a concorrência, os candidatos e, entre eles, os eleitos ficam comprometidos com o eleitorado por conta das promessas que fizeram. Essas promessas não são necessariamente localistas, e mesmo quando o sejam, os representantes nacionais não ficam desobrigados de apresentar projetos mais abrangentes que venham a incluir as próprias bases eleitorais. Não obstante a preocupação nacional por eles demonstrada, ainda é razoável a percentagem dos projetos legislativos convertidos em lei (15%) que dizem respeito a questões locais, regionais ou individuais.[48] Aceitando a premissa de que toda medida redistributiva provoca instabilidade, restaria avaliar se aquelas criadas pela legislação parlamentar se abrigam nessa categoria. Pela história material do país, sabe-se que sim.

A avalanche eleitoral altera para mais, muito mais, o número de demandas a que ficam expostos os parlamentares. Ações para sanar as carências existentes são agora reclamadas por um contingente bem maior de pessoas, isto é, de eleito-

[48] Cf. Amorim Neto e Santos, 2003:66 e segs., tabela 1; com outra metodologia, também foi comprovado que as propostas dos políticos, na área de educação e saúde, visam a proporcionar benefícios difusos e não-concentrados, ver Lemos, 2001.

res. Se em alguma medida a renovação no plantel parlamentar se deve aos azares das coalizões, são poucos os casos em que políticos que se destacam na relação com os eleitores pela prestação de serviços são derrotados em suas postulações para reeleição. Efetivamente, a arena eleitoral constitui importante usina geradora de instabilidades produtivas. Prioritariamente, é na arena parlamentar que irão se refletir.

4

A EXPANSÃO DA ARENA PARLAMENTAR

As instituições parlamentares brasileiras refletem os desequilíbrios da sociedade. É nas assembléias que se devem decidir, em última instância, os marcos essenciais do rumo que a nação irá tomar. O grande poder de decretar medidas provisórias e estabelecer a agenda do Congresso de que dispõe o Executivo nacional encontra-se sob críticas no Parlamento, e sob análises fora dele. Creio não haver suficiente clareza quanto às múltiplas conseqüências que o uso de tais prerrogativas discricionárias virão a produzir no destino material do país, nem nas relações entre os diversos poderes da República. Não se trata apenas da definição de limites sem ambigüidades entre Executivo, Legislativo e Judiciário, mas, em acréscimo, das relações intergovernamentais, envolvendo estados e municípios. A centralização estimulada por aqueles mecanismos conflita com a descentralização dos problemas gerados por uma sociedade extensamente plural e que se organiza em torno de demandas específicas, não cabendo ao governo central arbitrá-las. Os desequilíbrios produtivos e dissipativos que se projetam no Congresso tendem a acentuar a tensão entre este e o Executivo. Não seria surpreendente o agravamento das disputas entre os três poderes como resultado das instabilidades econômicas, sociais e políticas. A capacidade governativa até agora instalada tem dado conta de problemas nada triviais — do impedimento de um presidente à posse na presidência da República de um ex-torneiro mecânico, ainda há pouco interditado como politicamente desordeiro por aquela opinião pública que se faz ouvir —, do elevado número de reformas econômicas e monetárias aos impasses do endividamento do país, interna e externamente. A extensão da pobreza e a necessidade vital de crescimento econômico adicionam importantes eixos de conflito à operação dos mecanismos de representação ou adjudicação, dirigindo para o Parlamento a atenção dos analistas. Como se tem refletido na arena parlamentar a expansão da arena eleitoral e suas conseqüências?

Antes, um problema definicional. Ao criticar ou elogiar o desempenho de um parlamento é indispensável que o diálogo ou a controvérsia se desenvolvam tendo por denominador um acordo semântico sobre a entidade cujo desempenho se avalia. Um parlamento não é um comício em que somente os organizadores e convidados dispõem do direito de falar; nem se confunde com uma praça pública, em que cada um toma a palavra quando bem entende, competindo pela atenção dos transeuntes, sem, contudo, real poder deliberativo. Um parlamento não é uma *ekklesia* (colégio) em que todos podem falar e votar, mas na qual cada um opina e vota apenas em seu próprio nome. Um parlamento difere essencialmente de um condomínio de acionistas, que ali estão pessoalmente ou em lugar de outros, com mandato legal, e no qual o peso da opinião e voto dos presentes é ponderado pelo número de ações que possuam ou representem. Um parlamento é uma assembléia constituída por *pessoas escolhidas* para lá estarem, *representando* aqueles que os selecionaram, *com direito à manifestação de opinião* segundo regras por todos obedecidas, e *com poder de tomar decisões* de aplicação compulsória em nome de todos aqueles que os elegeram por ação (voto) ou omissão (alguma forma de abstenção). O crucial conceito de "representação", implícito na definição sugerida para parlamento, só surgiu tarde na história da humanidade, depois de extensa prática de variações representativas e idiossincráticos colégios deliberativos, que antecederam o aparecimento do novo conceito.

É fácil distinguir um parlamento, tal como definido, de um comício ou de uma praça pública, mas exige-se atenção para diferenciá-lo de outra assembléia, na Grécia clássica. Os especialistas não costumam traduzir a "ágora" ateniense por parlamento, não só porque o termo, como registrado, é de fixação tardia, mas especialmente porque não haviam debulhado a prática do conceito em todas as suas repercussões políticas. Referem-se à "ágora" preferencialmente como mercado, local aonde se vai para arengar ou comerciar. Traduzem *ekklesia* por "assembléia", essencialmente porque os participantes da assembléia ateniense, com igualdade de voz (*isegoria*) e voto, manifestavam-se somente em seu próprio nome, não representando ninguém. Os *concilia* de nobres durante a Idade Média promulgavam diretivas de obediência obrigatória a todos os homens e mulheres da gente comum, mas os nobres não eram, obviamente, escolhidos pelos súditos. Reuniões de acionistas acolhem pessoas que falam em seu próprio nome e pessoas que falam em nome de outras — a representação, portanto, é permitida, embora não obrigatória — e as decisões também comprometem todos os membros da corporação, tomadas que são conforme regras claras e rígidas. Os participantes, contudo, não são necessariamente eleitos, e os votos têm valor ponderado pela contabilidade de ações que representam.

Cada um dos mencionados tipos de congregação dispõe de uma ou outra das características de um parlamento, mas só os parlamentos verdadeiros as exibem todas. São muito raros, com efeito, os colegiados em que os membros tenham sido selecionados por terceiros para o exercício da representação, ou seja, tenham sido eleitos para se colocarem em lugar daqueles que os elegeram. Eleição e representação, assim, designam dois dos aspectos essenciais da gênese (eleição) e significado (representação) dos parlamentos. Situando-se no âmago da democracia representativa, é curioso que o conceito de parlamento não exista como verbete na *International encyclopedia of the social sciences*,[49] particularmente porque no mecanismo da representação é que se registram as diferenças da democracia em relação a sistemas autocráticos e porque o mesmo estratagema (representação) aparece como necessário, mas não suficiente, para distinguir democracias de oligarquias. Cabe, por conseguinte, um excurso sobre a matéria, prefaciando a descrição das entidades que são representadas no parlamento e os ritos de seu funcionamento.

Por se tratar da mais transcendente ruptura da história política moderna, a substituição de sistemas autocráticos por sistemas representativos tem sido codificada pela absoluta maioria dos estudiosos como se os Estados modernos, ao superarem a autocracia, ingressassem imediatamente no período democrático.[50] É

[49] Cf. Shills, 1972. Também o *New handbook of political science* só registra quatro passagens em que o conceito de "parlamento" aparece e 19 relativos ao conceito de "escolha racional". Cf. Goodin e Klingemann, 1998.

[50] Historiadores e cientistas sociais, obedientes à precisão de fatos e conceitos, só usam a linguagem convencional depois de advertir os leitores para a impropriedade da convenção. Assim, segundo Fritz Stern: "foi a Grande Guerra que testemunhou a elevação da democracia a um ideal universal. Governos representativos e constituições liberais existiram antes e, em verdade, foram considerados ideais, na maior parte da Europa do século XIX. E doutrina e prática democráticas também existiram no passado, mas é duvidoso que a Grã-Bretanha do pré-guerra (1914-1918, nota de WGS) pudesse ser chamada de democracia" (transcrito em Santos, 1998b:246, nota 2).

convencional, mas não correta, a cronologia que indica a democracia como sucessora direta e única da autocracia. Em conseqüência desse deslocamento cronológico, criaram-se duas lacunas na história e na teoria política contemporâneas: deixou-se sem teorização o sistema oligárquico e se passou, implicitamente, a considerar todo o período pós-autocrático, mas que antecede a universalização do direito de voto (em média, cerca de dois séculos), como uma espécie de estágio subdesenvolvido da democracia. Na verdade, a designação mais freqüente é mesmo a de democracia, sem qualificativo, quando, por exemplo, se faz referência aos 200 anos da democracia norte-americana ou às turbulências parlamentares da democracia inglesa durante o século XIX. Lembrando que o mecanismo da representação universal é uma das características essenciais da democracia e que, nos períodos mencionados, eram limitados (por diversas razões) tanto o número de eleitores a serem representados quanto o de elegíveis para representar, é obviamente anacrônico chamar aqueles sistemas de democráticos.[51]

Tecnicamente, o que se substitui aos regimes autocráticos são regimes representativos em que o Poder Executivo renuncia, ou é obrigado a renunciar, ao arbítrio ilimitado, passando a conviver com um Legislativo composto por pessoas (os representantes) selecionadas por um corpo de eleitores mediante votação especial (os representados). Os representantes, por sua vez, são regulados em sua ação legislativa por um conjunto de princípios e normas recolhidos em uma carta constitucional e um regimento próprio. É nessa arena que são processadas, em grande parte, as demandas sociais e, em conseqüência, é nela que se geram as decisões que irão provocar a insatisfação popular e, eventualmente, o desejo dos representados de substituir os legisladores e executores das leis. São básicas aos regimes representativos, portanto, as regras de sucessão no poder e a fixação de termos para o exercício deste. Pelo que se conhece até hoje, foi em 1595 que apareceu pela primeira vez a palavra "representar" significando agir em nome de

---

[51] O arquivo de dados Polity IV Project, *Political regime characteristics and transitions, 1800-2002,* disponível em: <www.cidcm.umd.edu/inscr/polity>, registrou que a Grã-Bretanha foi autoritária durante grande parte de sua existência, até meados do século XIX, mas a Austrália, a Nova Zelândia e o Canadá — todos ex-colônias da Inglaterra — têm sido democráticos durante todo o período em que existem. O mesmo se daria em relação aos Estados Unidos, evidentemente sem consulta aos negros, e à Suíça, cujo contingente feminino só conquistou o direito do voto em 1971. Modelística com base em codificações tão esdrúxulas merece reserva até que justifique com outras evidências os resultados obtidos. Para exemplo recente, consultar Boix, 2003.

outro, enquanto as constituições, como nos exemplos seguintes, só surgiriam dois séculos e meio depois: em 1809 a da Suécia, em 1812 a da Espanha, em 1814 a da Noruega, em 1823 a do Brasil, em 1826 a de Portugal, em 1831 a da Bélgica e em 1824 a da Grécia. É oportuno, portanto, reiterar a distinção entre democracia, oligarquia e autocracia e, nelas, a posição dos respectivos parlamentos.

A humanidade experimentou até agora, em seqüência, mas sem anular a possibilidade de reversões, duas formas de sistemas representativos: os oligárquicos e os democráticos. Por sistema representativo democrático entendo aquele em que vigem os seguintes dois princípios:[52]

- o exercício do poder resulta de eleições competitivas, concorridas a intervalos regulares, conforme regras universalmente conhecidas e universalmente respeitadas;
- o direito de voto é universal, somente limitado por um critério de idade mínima.

O primeiro princípio distingue radicalmente os sistemas representativos dos sistemas autocráticos, e o segundo diferencia, entre os representativos, os democráticos dos oligárquicos. É raro encontrar-se na literatura o reconhecimento do íntimo parentesco entre os dois sistemas — oligarquia e democracia — naquilo que os separa das autocracias — o poder por representação —, deficiência que, por outro lado, dificulta a percepção do que é a diferença específica do sistema representativo democrático — a universalidade do voto. A democracia compartilha com o sistema oligárquico a virtude da "representatividade", o que faz de ambos exemplares de um gênero essencialmente estranho ao gênero autocrático. Por isso, é a versão ateniense da denominada democracia direta, sem mediação, antes que o sistema representativo oligárquico, que deve ser considerada uma variante, entre outras, da genealogia autocrática.

A passagem gradativa dos sistemas oligárquicos para os democráticos consistiu, fundamentalmente, na sucessiva abolição das exigências que funcionavam como obstáculos à participação dos segmentos excluídos. Paulatina redução no requisito de renda e diminuição da idade exigida, por exemplo, foram processos que, em muitos casos, consumiram quase um século.

É só com a extinção de todos os obstáculos à participação que se ultima a travessia dos sistemas representativos oligárquicos para os sistemas representati-

---

[52] Cf. Santos, 1998b:209-283.

vos democráticos. E, em geral, o direito de voto feminino foi a última barreira a ser superada na esmagadora maioria das democracias ricas.[53] Em todas elas, a universalização do voto ocorre depois que já estavam assegurados alguns dos direitos civis básicos — os de opinião, crença, associação, organização e livre comércio —, tendo sido muito mais difícil conquistar o direito de competir livremente por poder político do que por bens materiais ou estima social.

Por cautela, deve-se assinalar que a distinção entre sistemas oligárquicos e democráticos não se limita ao número de eleitores, a cada vez aumentado pela eliminação de barreiras, mas que, como conseqüência desses sucessivos aumentos, vêem surgir profundas diferenças na lógica de operação dos dois sistemas e nas crises que os acometem. *Universalizar a participação* significou, automaticamente, *universalizar a representação*, muito embora o vice-versa não seja verdadeiro. Na verdade, da pouca atenção à distinção entre representação e participação e, por conseguinte, ao papel dos partidos políticos no jogo representativo e participativo é que decorre a incompreensão de que a diminuição do papel dos partidos, enquanto arena de participação, não significa automaticamente decadência partidária ou erosão de capital político e social. A transmutação da política oligárquica em política democrática de participação restrita, e desta em política democrático-representativa de participação ampliada, de massa, requer atenta perspectiva histórica, a partir da qual se faça a narrativa da transformação.

A vasta maioria dos estudos sobre partidos políticos comparte pelo menos três características: a) considera que os partidos são instituições para selecionar pessoas, através de eleições, para ocupar postos governamentais; b) que, ao assim proceder, desempenham o essencial papel de expressar e representar demandas e segmentos da população; e c) que tal papel resultou, historicamente, do múltiplo processo de industrialização, urbanização, educação, extensão do sufrágio e nacionalização da disputa política. Assim, por exemplo, define Sartori (1976:64): "Um partido é qualquer grupo político que se apresente nas eleições e que seja capaz de nomear, através delas, candidatos para cargos públicos". Os partidos são identificados dessa maneira porque "são canais de expressão. Isto é, os partidos pertencem, em primeiro lugar e acima de tudo, aos meios de representação: eles são um instrumento, ou uma agência, para a *representação* do povo pela manifes-

[53] Em várias sociedades contemporâneas, entre elas o Brasil, o último requisito a ser abolido foi o da alfabetização.

tação de suas demandas".[54] Mais ou menos à mesma época, Leon Epstein afirmava que "a característica decisiva na definição [dos partidos] é a provisão de rótulos, legendas, para candidatos que buscam cargos públicos".[55]

Embora a descrição dos estudos citados corresponda a parte da empiria histórica das atuais poliarquias (democracias possíveis), também é certo que outros fenômenos, de igual significação, têm sido descurados nas análises usuais. Importantes perguntas, a partir das quais outras decorrem, consistem seguramente nas seguintes: por que em determinado momento da História de algumas nações européias a participação política aparece como problema? Por que os partidos políticos surgem como solução para o problema da participação política?

Resposta parcial à primeira pergunta foi dada por Alessandro Pizzorno ao afirmar argutamente que a participação política aparece como problema quando deixa de haver uma correlação total entre posição social e posição política, isto é, quando o lugar de alguém na *polis* (comunidade política) deixa de estar assegurado pelo lugar que ocupa no *demos* (comunidade civil).[56] Simultaneamente, deflagra-se o processo de demandas pelo aumento do número de cargos eletivos, o que significa dizer pela ampliação da própria *polis*. Ambos os processos, segundo Pizzorno, decorreram de pressões de massa pela ampliação dos direitos políticos e das tentativas da burguesia para aliar-se aos novos segmentos populares visando fortalecer-se.

A ampliação da *polis* se faz, pois, duplamente: por um lado, pelo movimento de fazer coincidir a sociedade política com a sociedade *stricto sensu*, derrubando-se as barreiras à participação política; por outro, pelo movimento de incorporar à *polis*, isto é, à sociedade política organizada sob controle do *demos*, um número cada vez maior de funções do governo, que deixavam de ser monopólio adscrito dos bem-sucedidos, dos delegados do rei ou dos notáveis em geral e passavam a prêmios de uma competição por votos. É esse processo simultâneo de expansão burguesa e dos assalariados que nacionaliza a competição política ao mesmo tempo em que se vão delineando as instituições que exprimiriam as novas formas de conflito. Hoje, é a mesma demanda para que mais posições de governo estejam

---

[54] Sartori, 1976:27.

[55] Epstein, 1980:230. Em Goodin e Klingemann, 1998, não existe o tópico, muito menos artigo autônomo sobre partidos políticos.

[56] Pizzorno, 1976. A contraposição entre *polis* e *demos* não pertence, porém, ao texto de Pizzorno.

submetidas a votos que aparece como uma das dimensões de um renascimento da democracia, em resposta à putativa erosão de seu capital social.[57]

Uma vez questionada a simetria entre a ordem social e a ordem política, o problema institucional dos novos atores será o de restabelecer politicamente as desigualdades da sociedade (estratégia dos grupos social e economicamente dominantes) ou o de como, através da política, se retificarão essas desigualdades (estratégia popular). Nessa disputa, os partidos políticos não só expressam interesses, mas contribuem eles próprios para dar forma ao novo *demos* — oferecendo alternativas inéditas de estratificação e clivagens sociais em torno de novas identidades coletivas — e à *polis*, ao recolocar o problema de como se conectar institucionalmente a sociedade à política.[58]

O impacto da nacionalização da política, via partidos e extensão do sufrágio, tem conseqüências distintas para a nova *polis*, dependendo do *timing* da nacionalização partidária em relação à nacionalização de outras instituições e das relações que se estabeleçam entre o centro e os poderes locais.

Simultaneamente à nacionalização da política processa-se, com temporalidade diferente, a nacionalização da economia, mediante a introdução das relações mercantis e capitalistas no universo econômico pré-mercantil. É especialmente nesse aspecto que os partidos desempenham papel constitutivo do novo *demos*. Ao mencionar a reorganização do *demos*, sublinho o processo de reestruturação da ordem econômica e da ordem social. É a sociedade de mercado, com suas mediações econômicas e suas estruturas sociais, que busca se instaurar em substituição à ordem patriarcal anterior.

Se, para a constituição da nova *polis*, foi crucial o rompimento da simetria entre posição social e posição política, a reestruturação do *demos* tornou-se imperativa pela desagregação do discurso político-econômico que prevaleceu ainda até fins do século XVIII e pela disseminação da idéia de que existiria um sistema

---

[57] A demanda por aumento do número de lugares de autoridade submetidos à competição eletiva, apontada por parte da literatura corrente como possível processo revitalizante da democracia, e vista na introdução, tem antecedentes antigos.

[58] A reestruturação do *demos*, na realidade européia, produz a emergência de novos conflitos, provocando realinhamentos sociais e políticos ao longo de várias linhas de clivagens — funcionais, territoriais, étnicas, religiosas —, que, ao mesmo tempo, criam obstáculos à extensão do sufrágio e fazem com que a nacionalização da política e a cristalização dos conflitos variem em tempo e natureza de país para país. Ver Lipset e Rokkan, 1967; e Rokkan, 1962

econômico natural, cujo funcionamento, liberto dos entraves das relações sociais pré-capitalistas, se manifestaria no mercado.[59]

A formulação conceitual da estrutura do novo *demos* e sua corporificação em uma ordem empírica ocuparam alguns séculos. Não foi com os fisiocratas, que inventaram o conceito de "sistema econômico", e para os quais o bom funcionamento do "sistema", enquanto natural, ainda demandava a intervenção do poder político.[60] Também não foi A. Smith o grande visionário da estrutura do novo *demos*, embora para isso houvesse contribuído consideravelmente, conforme concordam Tribe e Schumpeter.[61] Tal como a constituição da nova *polis*, difícil, e também longa e experimental foi a reestruturação do *demos*, pois, como afirma Dobb: "O que de fato pode ser dito é que, até 1817, o ano dos *Princípios* de Ricardo, não havia nada que pudesse ser denominado um único sistema teórico de economia política, nem mesmo sob a forma de esboço preliminar".[62]

A dinâmica de construção da ordem social que viria a desaguar nas modernas poliarquias implicou, portanto, quatro processos simultâneos e interligados: a) o alargamento da *polis*, enquanto sociedade política, para fazê-la coincidir com o *demos*; b) o alargamento da *polis*, enquanto sistema de instituições, para fazê-la coincidir com todo o governo; c) a reestruturação do *demos* de acordo com o processo de divisão social do trabalho guiado pela dinâmica capitalista; e d) a reestruturação do *demos* de acordo com os tipos de interação entre o centro, as periferias e os diversos atores sociais. É crucial observar no período que, assim como os princípios da nova ordem econômica, consubstanciados no mercado livre, coexistiram e competiram durante anos com princípios da velha ordem, ou se ofereceram como alternativa para substituir a velha ordem, da mesma maneira, entre os séculos XVII e XIX, os partidos políticos também não foram as únicas instituições que se propuseram a expressar, organizar e efetivar a participação política. Ao contrário, os partidos políticos competiam com as velhas e as novas guildas, as associações profissionais de *membership* limitada e de mandato imperativo. Comparados às demais propostas institucionais de organização da *polis*, os partidos ofereciam uma dupla novidade: por um lado, a de propiciar uma alternativa de ação coletiva com base na solidariedade, na igualdade de participação

---

[59] Ver Santos, 1999, cap. 2.
[60] Ver Fox-Genovese, 1976.
[61] Ver Tribe, 1978, cap. 2, particularmente caps. 5 e 6; e Schumpeter, 1961:186.
[62] Dobb, 1973:66.

entre os membros da organização; por outro, através do conceito de mandato virtual, a de atribuir universalidade à representação. *A participação política* poderia ser identificada ou efetivada exaustivamente através da *representação*, dadas a virtualidade e a universalidade do mandato.

Só em meados do século XIX foi que, concomitantemente, ou quase, os princípios da livre competição no mercado impuseram hegemonicamente os parâmetros da dinâmica econômica e os partidos adquiriram supremacia como instituições aptas a expressar, organizar e efetivar a participação política. A partir de então, o problema da participação ficou restrito ao problema da representação, detendo os partidos o oligopólio da *oferta* dessa representação.

Obtida a situação de oligopólio de fato, se não *de jure*, modificam-se as interações entre as instituições da *polis* e do *demos*. Em particular, no que diz respeito a representados e representantes, inicia-se o processo assim descrito por Beer (1956:13): "Em seu escritório, o *Whip* (líder partidário) recebia os pedidos dos candidatos em potencial em busca de eleitorados e dos eleitores em busca de candidatos". Essa descrição consagra o momento em que, dado o contexto em que o escopo da *polis* está contido no escopo da representação, e em que o escopo do governo é coextensivo ao escopo da *polis*, os partidos, detendo o *oligopólio da representação*, detêm ao mesmo tempo o *oligopólio da participação*, inaugurando o apogeu dos partidos, algo que perdura até a segunda metade do século XX. Mas é também durante esse período que uma alteração crucial se dá no interior dos próprios partidos, subvertendo as relações entre representantes e representados. Se, simbolicamente, pode-se dizer que 1850-1950 foi o século dos partidos oligopólicos e dos mercados, também com segurança pode-se afirmar que foi o século de Michels e de Ricardo-Marx.

Aproximadamente a partir de meados do século passado, a ordem liberal clássica poderia ser descrita como tendo resolvido os problemas da agenda pública desde o século XVI, e que, uma vez resolvidos tais problemas, a ordem aparecia precisamente como ordem porque: a) a economia fora instituída como um sistema tão próximo do natural quanto possível, cuja integração e dinâmica pareciam obedecer a princípios racionais, embora transcendentes aos desígnios humanos; b) concomitantemente, o sistema político também se tornara autônomo em relação ao universo econômico e, em especial, em relação ao conglomerado de microrrelações cujo agregado compunha o desde então chamado sistema social (a distinção é importante porque, em atenção ao diagnóstico de Maquiavel, as microtransações sociais são permeadas por valores e sentimentos, enquanto as relações políticas de dominação e controle são emocionalmente estéreis e eticamente neutras, isto é, são institucionalizadas); c) o governo, quer dizer, o exercício efetivo do poder, fazia-se de acordo com as regras estruturadas da *polis*, segundo o conjunto de normas que regiam as relações entre as diversas instituições que expressavam a sociedade política. O governo, pois, era coextensivo à *polis*, inexistindo qualquer área de poder sobre o público que não estivesse sob controle da *polis*, quer diretamente, através da manifestação da *polis* em sua face de sociedade política, via eleições, quer indiretamente, mediante a fiscalização da *polis* em sua face institucionalizada, isto é, partidos interagindo em parlamentos; d) a *polis*, a sociedade política, tornou-se gradativamente coextensiva ao *demos*, à medida que iam sendo derrubados os obstáculos a participações; e) a participação do *demos* (comunidade civil) na *polis* (comunidade política) se fazia pela mediação do sistema partidário que expressava, organizava e representava o *demos*. Ou seja, nenhuma outra forma de participação na *polis* se fazia *au-delà* da estrutura de representação institucionalizada nos sistemas partidários.[63] Foi nesse contexto que surgiram as suspeitas de Michels quanto ao caráter democrático da *representação* como apropriada e exclusiva solução institucional ao problema da *participação* organizada do *demos* na *polis*.

Uma vez criada com base na igualdade de participação de seus membros, a organização política, diz Michels, começa a multiplicar os fins para os quais foi criada e que escapam à compreensão e aos objetivos dos membros individuais do partido. Em seqüência, uma divisão de trabalho, tal como ocorre externamente na sociedade e na economia, começa a processar-se também em seu interior. Surgem os especialistas não só da política como da administração da própria organização partidária, e uma estratificação inevitável em termos de conhecimento, habilidade e objetivos vem a se estabelecer entre a liderança dos partidos e seus membros comuns. A igualdade inicial, que servira de cimento à constituição daquele ator coletivo, tende a ser subvertida pela liderança institucionalizada. O mesmo Pizzorno, que propõe a solidariedade igualitária inicial como explicação suficiente para a constituição da ação coletiva, subscreve o diagnóstico de Michels. Em suas palavras, "uma lei tendencial das organizações políticas é a progressiva

---

[63] Claro está que, à medida que a *polis* se tornava coextensiva ao *demos*, os homens de negócios se organizavam para interferir no governo, fora do controle da *polis* institucionalizada. Ver Rokkan, 1962. Data daí a concepção de participação política que praticamente a confina aos mecanismos de representação *plus* ação via grupos de pressão ou grupos de interesse.

redução das áreas de igualdade inicial sobre as quais se havia baseado a participação, com o conseqüente declínio desta participação".[64]

A Lei de Ferro das Oligarquias, de Michels, é um dos fantasmas que rondam a teoria democrática contemporânea, ou poliárquica, sem que, tanto quanto é de meu conhecimento, tenha sido persuasivamente refutada. E creio que não foi refutada simplesmente porque não podia sê-lo *enquanto a representação, via sistema partidário, esgotasse o problema da participação política*. A equação "representação política = participação política", por seu turno, também não podia ser contestada enquanto outras características do século de Michels não perdessem vigência. Hoje, é toda uma ordem estruturada segundo uma certa *polis* que está sendo desafiada. É por aí que podemos começar a entender o núcleo de verdade do problema de Michels e o solo genuíno da problemática da erosão do capital social, ao mesmo tempo em que somos obrigados a repensar o problema das relações entre o *demos* e a *polis*, ou, em outras palavras, o moderno problema da participação política e o papel dos partidos e parlamentos em uma sociedade poliárquica.[65] O neo-republicanismo contemporâneo é membro de uma família de propostas que tem em vista solucionar exatamente o mesmo problema. Apoiando-se em diferente hermenêutica, os advogados de uma reinauguração republicana, de participação mais direta, concordam com os teóricos da erosão do capital social nas críticas ao que seriam as limitações das poliarquias contemporâneas.

O primeiro processo revisionista diz respeito ao descolamento que se repete entre *governo* e *polis*, isto é, entre governo e sociedade política estruturada. Em vários governos contemporâneos é crescente o número de postos que *não são* preenchidos por via eleitoral, ou por indicação partidária, e nem mesmo estão sujeitos ao controle da *polis*. A captura de funções políticas, públicas, por tecnocracias que não são responsáveis perante ninguém é fenômeno reconhecido, contrário ao que se recomenda em programas de redemocratização.[66]

O segundo processo é constituído pela rápida multiplicação de novas fontes de geração de identidades coletivas que escapam ao controle do oligopólio

---

[64] Pizzorno, 1976:45.

[65] O que implica, desde logo, que a "recuperação" dos sistemas partidários não depende apenas de uma reforma interna aos sistemas ou aos partidos, como propõem vários analistas. Para uma boa análise do problema da não-governabilidade das democracias, cometendo entretanto o equívoco mencionado, ver Pasquino, 1980, particularmente caps. 3 e 4.

[66] Rever Dalton e Gray, 2003:23-44.

partidário. É o próprio aprofundamento da divisão social do trabalho (um dos ingredientes do solo material da sociedade), associado à mutação ética em curso no mundo contemporâneo, que se encarrega de multiplicar aceleradamente o número de novos e inesperados segmentos dos constitutivos *demos*, de forjar a fracionalização dos interesses e, em conseqüência, de gerar a "explosão de demandas" que tanto assusta os teóricos da "decadência política" ou da "não-governabilidade das democracias". Em realidade, *o que está em processo é a quebra do oligopólio da representação partidária como forma exclusiva de participação política. A Lei de Ferro das Oligarquias foi e é verdadeira em contextos nos quais o oligopólio da oferta de participação puder ser mantido exclusivamente pelo sistema partidário de representação.* Contudo, em contextos nos quais o processo econômico-social tenha ultrapassado a capacidade partidária de produzir identidades, o descolamento entre representação e participação se fará inapelavelmente claro, e as pressões do *demos* para participar além do sistema de representação se farão cada vez maiores. Este é um dos aspectos mais agudos da permanente instabilidade política brasileira, que tanto pode ser produtiva quanto nefasta.

Não se trata, pois, de um problema de "não-governabilidade das democracias", como querem Samuel Huntington e outros, nem de decadência institucional generalizada, como afirma Mancur Olson, por exemplo, mas de exaustão do oligopólio *da oferta de representação e sua conversão em barreiras à participação política.*[67] A implicação relevante desse entendimento da problemática do século de Michels é, creio, óbvia: a crise de participação e governabilidade do mundo contemporâneo não deverá ser resolvida segundo a prescrição orwelliana de Huntington, de acordo com a qual só será possível manter a democracia se a reduzirmos, isto é, se reprimirmos as demandas. Essencialmente, a crise de *participação* só poderá ser resolvida se reconhecermos a obsolescência dos sistemas partidários enquanto *oligopólios da oferta de participação.* Em outras palavras, o remédio para os problemas da representação é alargar o escopo das formas legíti-

[67] Não estou me referindo à linha de análise dos ciclos político-econômicos. Ponderada resenha crítica da literatura ao longo dessa linha encontra-se em Douglas, 1976:483-505. Refiro-me particularmente ao tipo de reflexão representada em Crozier, Huntington e Watanuki, 1975; e à reflexão de Olson Jr. (1982), de onde flui parte da literatura sobre "crise de legitimidade".

mas de participação.[68] Nada disso, contudo, assegura que as propostas neo-republicanas, no que contêm de participação não-institucionalizada, sejam as únicas a considerar.

Enquanto a participação era oligarquicamente restrita, manteve-se a ficção de que, no parlamento, estavam representadas diferentes correntes de opinião. Oriundos de um segmento econômica e socialmente homogêneo, os parlamentares desfrutavam a falsa consciência de que não representavam interesses, mas que entretinham polêmicas estritamente em torno de crenças e valores. Em certo sentido, Oliveira Vianna ficou a meio caminho quando, ao analisar a vida política no Brasil imperial, concluiu que a ausência de opinião pública organizada convertia os partidos em agregados de clãs para a exploração em comum das vantagens do poder. A meio caminho porque a essência do problema incluía não só a organização da opinião pública, mas também a diferenciação dos interesses representados. Ingressamos, então, na problemática do Parlamento brasileiro em meados do século XIX, oligárquico, embora representativo. Isto é, representativo dos segmentos constitucionalmente autorizados a participar ativamente da vida política.

Nos panfletários do Segundo Império encontram-se as mais impiedosas descrições das mazelas do sistema representativo brasileiro, o que implicava submeter à crítica a forma mais avançada de organização política da época. E, com certeza, as mesmas críticas endereçadas ao nosso sistema oligárquico, justamente porque não se deviam a problemas de raça ou clima, aplicavam-se à Inglaterra, se a tomamos, como devemos, por vanguarda paradigmática da política moderna. Nenhuma das críticas, aqui ou na Inglaterra, vislumbrava outra forma de organizar a vida política, de onde se seguiam as sugestões de reforma moral dos políticos como antídoto necessário ao que se considerava a deterioração da qualidade da vida pública. Excetuando-se, na Inglaterra, J. Stuart Mill e, mais radicalmente, no Brasil, José de Alencar. Em *O sistema representativo*, Alencar iria ao máximo da utopia democrática representativa, sugerindo a universalidade do voto, inclusive

[68] Verba (1971, esp. p. 303-304) discute como a superação de uma crise, no caso de participação, não significa que ela não volte a ocorrer e que não surjam demandas para o reconhecimento de outras formas de participação. Curioso é observar que Huntington, embora reconhecendo a possibilidade de que a explosão de demandas se resolva pela criação de outras formas de participação, além da forma representativa, termine por propor a *redução* da participação. Ver Huntington, 1974:175.

para os escravos, propondo a abolição de todos os obstáculos à participação eleitoral, particularmente os de natureza censitária. É de registrar, contudo, que as exigências censitárias foram sendo reduzidas de tal modo que, ao longo da segunda metade do século XIX, cresceu a participação de pobres no corpo do eleitorado brasileiro. Mais do que isso, revela recente literatura histórica revisionista, aumentou a presença dos desprovidos de muitos recursos na própria representação parlamentar no nível local.[69]

Obviamente, o centralismo político, personalizado em d. Pedro II, não teria como resistir à avalanche da participação, dando fim ao mecanismo do coronelismo, enxada e voto já descrito por Alencar, reiterado por Rubens do Amaral[70] e que se tornaria famoso na formulação de Vitor Nunes Leal. Em texto de 1874, discutindo a necessidade de uma reforma, Alencar descreve as conexões eleitorais como segue:

> Formou-se, então, senhores, essa cadeia de fuzis que prende o votante ao eleitor, o eleitor ao deputado, o deputado ao ministro e o ministro ao poder permanente. Cada um desses fuzis, se é o veículo de uma aspiração que sobe, é também por sua vez o condutor de uma centelha da vontade onipotente que se irradia por todo o país. (...) O cidadão tinha necessidade de enfeudar-se à influência local, não só para que o comparasse nas suas justas pretensões, como para que defender-se sua segurança individual. Por sua vez a influência local tinha de submeter-se ao governo, de quem recebia os favores com que se mantinha.[71]

Dissipada a névoa enganadora da interpretação personalista do fenômeno, o que essencialmente se manifesta no coronelismo é a preponderância do Executivo sobre o Legislativo, mediante o controle das fontes da representação, ou seja, das eleições locais. *O acordo entre o poder central e os tiranetes provincianos se fazia à custa do poder dos executivos estaduais*, estes, aliás, diretamente nomeados pelo

---

[69] Cf. Nunes, 2003:311-345. A autora refere-se a estudos sobre outras localidades cujos resultados são semelhantes ao que ela encontrou em Campos.

[70] Cf. Amaral, 1944. Por seu interesse historiográfico, o artigo está reproduzido no anexo 1.

[71] O trecho pertence a *A reforma eleitoral* (Rio de Janeiro, 1874:63-65, 74-75) e está transcrito na introdução de Santos, 1991:40-41.

imperador. Entre o Estado e o povo só funcionava, com eficácia, a mediação do poder local, da instância municipal do poder.

Com a República presidencialista e a instauração de eleições em todos os níveis da Federação, que substituíra o unitarismo imperial, os governadores vieram a constituir novo grupo de atores, explorando a possibilidade de uma conciliação entre os emergentes interesses urbanos e os fazendeiros. Nem por isso a base eleitoral da vida política alterou-se significativamente. Desapareceu o voto censitário, mas permaneceu a barreira educacional, que evidentemente só era eficaz em relação às populações pobres. Quanto ao voto feminino, a Constituição de 1891 omitiu-se, mas era como se fosse interditado, pois assim foi compreendida e praticada a omissão. Não obstante, a reiterada afirmação de que o presidencialismo estimula o personalismo não parece distinguir entre presidentes, que, se democratas, não podem ultrapassar certo número de mandatos, e primeiros-ministros de sistemas parlamentaristas, que não estão impedidos, se populares, de permanecer décadas na função.[72] Como em tantos outros equívocos de análise, na realidade é o sistema parlamentarista, não o presidencialista, o mais vulnerável à sedução de transformar fascínio pessoal em permanência no poder.[73]

Objetos de competição eleitoral, os executivos estaduais escaparam, por isso, ao controle direto do poder central, passando a exigir deste negociação e apoio mútuo. O controle do Parlamento permanecia fundamental e os mecanismos de depuração, garantindo sua submissão aos executivos, não só continuaram a operar como foram acrescidos de infalível método de persuasão: criou-se uma comissão de verificação de poderes, na Câmara dos Deputados, com a finalidade de autenticar os resultados eleitorais dos estados. Foi a reorganização desse mecanismo que facilitou a Campos Sales a institucionalização da política de governadores. Diante da lista dos candidatos estaduais e de suas respectivas votações, uma

[72] E mesmo quando não são. Praticamente todo o período de Margareth Tatcher como primeira-ministra inglesa foi acompanhado por rejeição relativa da opinião pública. Em 138 pesquisas de opinião pública sobre aprovação do governo, sete foram favoráveis, duas indecisas e 129 desfavoráveis. Cf. King, 2002:172-175.

[73] Além dos conhecidos exemplos de Olaf Palmer na Suécia e de Margareth Tatcher na Inglaterra, entre outros, é oportuno lembrar que o poder discricionário do primeiro-ministro, na Inglaterra, o torna na realidade o grande arquiteto das vitórias eleitorais, pois é ele quem decide quando as eleições serão realizadas. E, é óbvio, elas nunca são convocadas quando o prestígio do governo está por baixo. Ver, a propósito, Leonard e Mortimore, 2001, esp. cap. 2.

comissão — a Comissão de Verificação de Poderes — deliberava sobre quais deles seriam considerados efetivamente eleitos. Qualquer manifestação de independência dos poderosos municipais, manipulando em favor de candidatos oposicionistas os demais mecanismos de fraude, seria inevitavelmente reparada pela comissão de verificação, atendendo aos interesses do poder central e dos executivos estaduais.[74]

A comissão de verificação de poderes foi um dos mecanismos mais utilizados por sistemas oligárquicos a fim de garantir homogeneidade na representação dos interesses hegemônicos. Não foi peculiaridade, todavia, do subdesenvolvimento institucional brasileiro, tendo existido na Inglaterra de 1770 até 1868, ou seja, até o Segundo Grande Ato da Reforma, e representando mudança mais significativa do que a do aumento do número de eleitores propiciado pela redução do valor do censo monetário. A mesma artimanha sobreviveu até 1874 no Canadá, e esteve em vigor até 1891 no estado de Nova York, Estados Unidos. Não é, conseqüentemente, a comissão de verificação de poderes que distingue essencialmente a Primeira República do sistema imperial, que a antecedeu, nem do sistema inaugurado em 1946, que a iria suceder depois do Estado Novo. Que mudança, então, encontrava-se em curso?

A novidade da Primeira República foi a substituição da coalizão estabelecida entre o poder central e os coronéis municipais pelo acordo, ou pacto, entre o Executivo nacional e os estaduais, compulsória mediação, agora, dos pleitos municipais.

> A partir de 1906, a apuração final para vereadores passou a ser feita nas sedes das comarcas. As mudanças operadas na sistemática das apurações das eleições estaduais e municipais, na primeira década deste século [século XX], estão nos quadros de um crescente processo de centralização, cujo significado maior é a redução do poder local, em benefício do exercício de maior influência pelo poder estadual.[75]

Ironia histórica, o Império unitário se apoiou, durante sua vigência, no fragmentado poder coronelístico local, sem concertação, antes em concorrência, com os chefes políticos de outros municípios. Na República federativa, destinada, em princípio, a pulverizar o poder, o Executivo central negocia com os exe-

---

[74] Para a criação e aplicação desse estratagema, no Brasil, ver Magalhães, 1986.
[75] Telarolli, 1982:57.

cutivos estaduais, concentrando o poder do Estado nos governadores. A União passa a fazer coalizão com os governos estaduais e não mais com o coronelismo paroquial dos poderes locais. É a política dos governadores, que Campos Sales preferia designar como a "política dos estados".

O nascimento de nova instância organizatória do poder inaugurava ao mesmo tempo inédita fratura entre a marcha da economia e a velocidade das manifestações políticas, sendo evidência das últimas a sucessão de levantes militares. Se a efervescência revolucionária indicava a extensão do desajuste das instituições representativas em relação a nascentes fenômenos sociais — a classe média urbana, por exemplo —, o registro histórico de que, depois do interregno florianista, não houve golpes de qualquer natureza na política brasileira testemunhava a continuidade da coesão da oligarquia dirigente. O período da Primeira República reconhece a emergência de novos atores — políticos e econômicos — e favorece a multiplicação de fontes de instabilidade, algumas produtivas, outras perdulárias, dissipativas. Continuava a completa prevalência dos executivos sobre os legislativos, embora com dificuldades crescentes, domínio que se radicaliza com o fechamento do Congresso e a instauração do Estado Novo, em 1937.

Em mais uma evidência de que períodos autoritários nunca significam meros parênteses na história dos povos, retomando esta, quando do retorno da liberdade, o fio da meada em que teria sido deixada antes, a restauração do estado de direito em fins de 1945 não implicou o restabelecimento das instituições parlamentares e eleitorais tais como existiram durante a Primeira República. A multiplicidade dos grupos de interesse, resultantes da intensificação da divisão social do trabalho (e na esteira do crescimento econômico dos 15 anos varguistas), refletiu-se nas práticas da competição eleitoral, na composição das assembléias que se formaram e em nova correlação de forças entre executivos e legislativos. Entre 1946 e 1964, ao contrário do que sustenta o estereótipo, foi o Parlamento o poder estabilizador da limitada democracia de então, garantindo a resolução de conflitos e constrangendo o Poder Executivo. O poder militar, sempre presente, desempenhou o usurpado papel de árbitro em última instância dos conflitos constitucionais. Uma Suprema Corte fardada decidindo casuisticamente. O fim da política dos governadores, em simultâneo com a derrubada da ditadura de Getúlio Vargas, também presenciou a libertação do Legislativo em relação ao Executivo, quando, então, o jogo oligárquico-representativo passou a se desenrolar, pela primeira vez na história política do país, entre dois dos poderes fundamentais — o Executivo e o Legislativo. Quando, em 1964, o Parlamento se esterilizou, com ele pereceu a limitada democracia brasileira.

Depois de 20 ou 21 anos de autoritarismo, a sociedade brasileira em gestação durante o período revelou estar anos-luz à frente daquela que antecedeu o golpe de 1964. Notavelmente mais complexa como estrutura social, diversificada economicamente e em meio a extraordinária mobilização eleitoral, tanto mais surpreendente por se haver iniciado precisamente ao longo dos anos de chumbo. Foi ao fim destes, como se viu, que se aboliu a barreira da alfabetização para o exercício do voto e, conforme os critérios aqui adotados, se preparou o caminho para o integral estabelecimento da democracia presidencialista representativa no Brasil, o que enfim se realizou com a eleição do presidente da República, em pleito direto, no ano de 1989. A agitação da vida política em todo o país parecia recobrar um dinamismo como se interrompido no dia anterior. As taxas de mobilização e de competição cresciam de eleição para eleição, convidando à representação largo espectro de interesses e, a cada legislatura, o Parlamento ratificava sua autonomia como *locus* fundamental de negociação e resolução de conflitos. Em outras palavras, a essencial instabilidade brasileira continuava a manifestar sua dúplice natureza na criação de efeitos positivos e de efeitos negativos para a vida do país. Gradativamente, por entre as incertezas, o Parlamento foi adquirindo uma ética de corpo, justamente pela via da cassação de membros transgressores, cristalizando um código de conduta ao extremo de, mediante o exercício de seu poder máximo, promover o impedimento de um presidente sem que nenhum rito institucional fosse maculado.

É natural que surjam, neste país-continente, as objeções características das sociedades democráticas contemporâneas. Assim como na Áustria, nos Estados Unidos e na Finlândia, por exemplo, reclama-se também aqui de putativa esclerose do Parlamento, de sua impermeabilidade a minorias ou a segmentos discriminados (mulheres e negros), da fragilidade dos partidos, de sua falta de disciplina e de coesão, do clientelismo e localismo de seus membros. Embora não muito informativas, mas reiteradas pela mídia, essas críticas não têm originalidade, ou pelo menos exclusividade. Fazem parte da atitude, digamos assim, da opinião pública mundial corrente. É raro o país no qual os cidadãos estejam satisfeitos com o desempenho das instituições e dos políticos, dando lugar à já mencionada tese da "erosão da democracia". Contudo, tal como em outros países, boa parte das críticas revela-se improcedente.

É falso, em primeiro lugar, que o Parlamento brasileiro esteja se esclerosando por falta de renovação, o que indicaria a continuidade de práticas oligárquicas país afora. Sem prejuízo de que existam bolsões residuais em que o voto ainda seja controlado de forma tradicional, eles não caracterizam o eleitorado total, que já atinge os 120 milhões de alistados. Por comprometedoras que sejam as reincidências dos velhos usos de controle e fraude, nada hoje se compara às eleições transcorridas durante a Primeira República. A competição entre candidatos e eleitores tornou inexeqüível o controle total da representação parlamentar, antes assegurado pelas fortunas nacionais, competição que, desde algumas décadas, oferece oportunidades a candidatos livres dos laços tradicionais de dependência econômica. Com isso, surge a oportunidade histórica de renovação na composição dos parlamentos central, estaduais e, mesmo, municipais.

Registre-se, contudo, que esta não é uma preocupação a atormentar exclusivamente os políticos e eleitores democráticos. Sem retornar aos graves problemas suscitados pelas análises dos velhos oligarcas (período da Grécia clássica), seriam principalmente os conservadores, de fins do século XIX e início do XX, que formulariam cenários sobre o vir a ser das sociedades nas quais era visível a expansão do eleitorado, concomitantemente ao crescimento das congregações urbanas. Alguns, como Gustave Le Bon e José Ortega y Gasset, descrevendo assustadores cenários para o futuro das sociedades, como resultado da urbanização e da democratização do voto. Com o olhar de hoje, aqueles temores são mais ingênuos do que aterradores. Na realidade, o que tomavam por extrema urbanização e extrema invasão das massas no espaço público não correspondia senão a minúscula fração do que passaria a ocorrer depois da II Guerra Mundial.

O ar dos tempos era, sem dúvida, elitista, e outros investigadores aceitavam como inevitável o controle do poder econômico, político e social por minorias de supostos excelentes, mas não pela massa, sempre fiel seguidora de líderes com grande habilidade de manipulação. Buscaram, por conseguinte, descobrir os determinantes do que supunham ser o predestinado tipo hegemônico de poder no futuro, ou seja, aquele fundado na predominância das elites. Mosca, Pareto, Michels, cada qual a seu estilo, construíram hipóteses sobre como se geram as elites dominantes e também sugeriram mecanismos para evitar que tais elites se transformassem em obstáculos ao continuado progresso da humanidade. A renovação dessas elites, como óbvio, seria um dos temas permanentes das especulações da época.

Não obstante a relevância da matéria para o desempenho da democracia, os estudos que a tomam por objeto não assombram pela quantidade e variedade. Nem mesmo existem critérios metodológicos universalmente aceitos de modo a facilitar comparações internacionais, além de intranacionais. Próximo ao indicador aqui adotado, a saber, a taxa de renovação parlamentar depurada da quantidade dos que se retiram da competição, Mogens Pedersen (1977) realizou importante investigação sobre as tendências para a renovação do Parlamento dinamarquês em período bastante longo: 1849-1968. Ao valer-se de médias móveis qüinqüenais para avaliar o processo, dificultou a análise das possíveis conexões entre as taxas de renovação e os eventos que transcorrem em esferas extra-eleitorais: variação na economia, mudanças na composição do governo etc. Aqui foi utilizada outra metodologia, descrita a seguir, com resultados confiáveis e comparáveis. Particularmente em relação ao Brasil, as conclusões contrariam a suposição de que a vida parlamentar nacional estivesse se encaminhando para uma espécie de artrose representativa.

O desempenho democrático brasileiro não apresenta motivo para sustos quanto à possibilidade de estagnação de seus quadros. De fato, as taxas de renovação da Câmara dos Deputados, bem como das assembléias estaduais, têm sido relativamente elevadas. Muito mais elevadas, por exemplo, do que as taxas de renovação do correspondente norte-americano à nossa Câmara dos Deputados (lá, a House of Representatives). Nas duas tabelas a seguir aparecem as taxas para os Estados Unidos e para o Brasil em períodos mais ou menos equivalentes.

Tabela 4.1
TAXA DE RENOVAÇÃO PARLAMENTAR LÍQUIDA
BRASIL — CÂMARA DOS DEPUTADOS, 1945-2002

	A	B	C	D	E	D/B %
1945-50	118	186	93	93	304	50,00
1950-54	100	204	140	64	304	31,37
1954-58	91	235	153	82	326	34,89
1958-62	91	235	172	63	326	26,81
1962-66	144	265	190	75	409	28,30
1966-70	218	191	145	46	409	24,08
1970-74	73	237	181	56	310	23,63
1974-78	82	282	204	78	364	27,66
1978-82	121	299	213	86	420	28,76
1982-86	168	311	177	134	479	43,09
1986-90	159	328	179	149	487	45,43
1990-94	148	355	211	144	503	40,56
1994-98	140	373	253	120	513	32,17
1998-2002	131	382	257	125	513	32,72

Fontes: TSE. Dados estatísticos, vários volumes; cf. Santos, 2002.
Códigos: A = desistentes; B = recandidatos; C = reeleitos; D = derrotados; E = total de casos; D/B (%) = TRL = Taxa de renovação líquida.

Tabela 4.2
TAXA DE RENOVAÇÃO PARLAMENTAR LÍQUIDA
MEMBROS DO CONGRESSO (HOUSE OF REPRESENTATIVES)
ESTADOS UNIDOS DA AMÉRICA, 1964-2000

Eleição presidencial	A	B	C	D	E	D/B %
1964	33	397	344	53	430	13,35
1968	23	409	396	13	432	3,18
1972	40	390	365	25	430	6,41
1976	47	384	368	16	431	4,17
1980	34	398	361	37	432	9,30
1984	22	411	392	19	433	4,62
1988	23	409	402	7	432	1,71
1992	65	368	325	43	433	11,68
1996	50	384	361	23	434	5,99
2000	32	403	394	9	435	2,23
Eleição meio						
1966	22	411	362	49	433	11,92
1970	29	401	379	22	430	5,49
1974	43	391	343	48	434	12,28
1978	49	382	358	24	431	6,28
1982	40	393	354	39	433	9,92
1986	40	394	385	9	434	2,28
1990	27	406	390	16	433	3,94
1994	48	387	349	38	435	9,82
1998	23	404	395	9	427	2,23

Fonte: U.S. Bureau of the Census, 2001.
Códigos: A = desistentes; B = recandidatos; C = reeleitos; D = derrotados; E = total de casos; D/B (%) = TRL = Taxa de renovação líquida.

É evidente que a renovação da classe política brasileira, variando entre 23% e 45%, se faz em magnitude incomparavelmente superior à dos Estados Unidos, que oscila entre 1,7% (!) e um máximo de 13,35%, em 1964. Para os especialistas, esse resultado não traz surpresas, sendo notório o engessamento de parlamentos com suporte em eleições majoritárias. A ausência de informação compatível com os dados brasileiros e norte-americanos impede a comparação com outros países. De qualquer modo, uma taxa de renovação que oscila entre cerca de um terço e quase 50% da representação constitui flagrante evidência de que o Parlamento brasileiro não pode ser considerado, com razoabilidade, um parlamento mumificado.

É reduzida a quantidade e controvertida a qualidade da informação sobre a vida íntima dos parlamentos posta à disposição do público, sendo ainda pouco analisada a que existe e, com isso, favorecendo a fossilização de noções sobre o país e sobre o resto do mundo, em completo desacordo com a história e o estado presente da humanidade. Houve um tempo em que se imaginava que o Parlamento brasileiro, isto depois da II Guerra Mundial, era totalmente dominado por elites agrárias conservadoras, responsáveis pela manutenção do país em estado pré-industrial. Não conheço estudo exaustivo da composição social da Câmara dos Deputados e do Senado, no período 1945-64, mas é seguro afirmar que o Brasil não permaneceu estagnado durante essas duas décadas. Ao contrário, foram dois ou mais os estampidos desenvolvimentistas durante o período, os quais, seja dito de passagem, contribuíram para amortecer a crise que abalou o mundo, sendo vilão o petróleo, na década de 1970.[76]

Hoje, a Câmara dos Deputados reflete com relativa fidedignidade o espectro de interesses heterogêneos estabelecidos na sociedade, com empresários, advogados, professores, sindicalistas, ruralistas e religiosos fazendo-se presentes nos debates parlamentares nacionais. Para ilustração, considere-se o gráfico 4.1, que espelha a composição da legislatura iniciada em 1999, resultado das eleições gerais de 1998.

Gráfico 4.1

DISTRIBUIÇÃO DESAGREGADA DAS PROFISSÕES/OCUPAÇÕES NA CÂMARA DOS DEPUTADOS

(%)

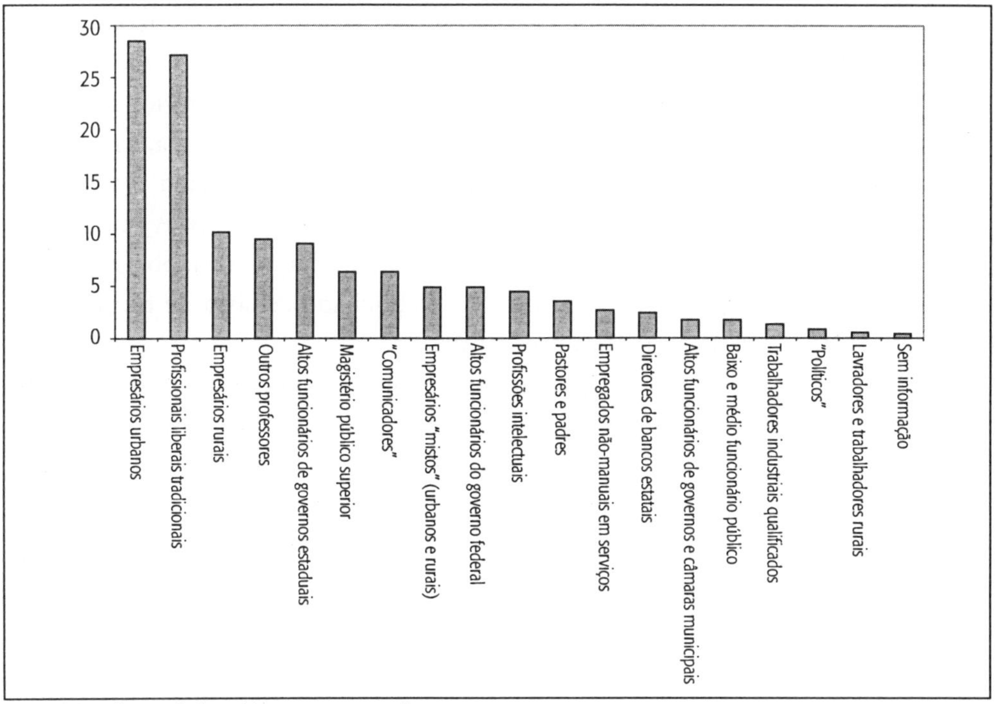

Fonte: Elaborado a partir de Rodrigues, 2002:59, quadro 2.

---

[76] Cf. Santos, 1998a, parte III.

Se o número de operários urbanos e trabalhadores rurais ainda é diminuto na composição parlamentar federal, classificações recentes, elaboradas pelos tribunais eleitorais, revelam que a representação desses segmentos começa a se tornar ponderável nas eleições locais, municipais. Já na composição do corpo de prefeitos e vereadores eleitos em 1996, o agregado de comerciantes correspondia a 7,1% do total, mesma percentagem de funcionários públicos, algo aquém dos 7,5% de profissionais liberais, somando-se professores, advogados e médicos. Fazendeiros (1,6%) e pecuaristas (5,0%), não ultrapassando 6,6% dos eleitos, colocavam-se a menos de um corpo de luz à frente dos trabalhadores rurais, que se apropriaram de 6,4% da população eleita. Aparentemente, o mundo de Oliveira Vianna e de Vitor Nunes agonizava.

Salvo oscilações, a pluralidade da representação é uma realidade palpável. Do total de prefeitos e vereadores eleitos em 2000, o maior contingente foi constituído por trabalhadores agrícolas, já chegando a 15,8% e ultrapassando a representação dos comerciantes, firme em 2º lugar, com 10,2% do total de eleitos. Vinham a seguir os funcionários públicos (8,4%), os profissionais liberais, professores e advogados, com 6,9%, e, na rabeira, os proprietários agrícolas, com 3,2% do bolo. Não há dúvida de que sobrevivem grotões no país e de que muitos dos profissionais liberais estão familiarmente ligados aos proprietários rurais, o que exige cautela na interpretação desses dados. De qualquer maneira, os resultados eleitorais vêm revelando crescente rebeldia das periferias, cada vez menos inclinadas a se comportarem como domesticadas reservas de votos. A velocidade das transformações político-institucionais é fortemente impositiva, obrigando ao descarte da concepção da vida política como debochado cenário de fundo à escandalosa competição entre máfias predatórias.

Entre as diversas organizações surgidas ao longo do vintênio 1960-80, também o movimento de mulheres tornou-se plural, com mais de uma associação representando concepções distintas do que deveria ser uma agenda de reivindicações femininas. Em todas, porém, encontrava-se a demanda por oportunidades no mundo da política. E a demonstração de que os movimentos foram bem-sucedidos se expressa no contínuo crescimento do percentual de mulheres eleitas para a Câmara dos Deputados, sobretudo a partir do final dos anos 1970, tal como se registra no gráfico 4.2.[77]

---

[77] Ver dados na tabela 7 do Caderno de Apontamentos.

Gráfico 4.2
MULHERES ELEITAS PARA A CÂMARA DOS DEPUTADOS BRASIL, 1946-2007
(%)

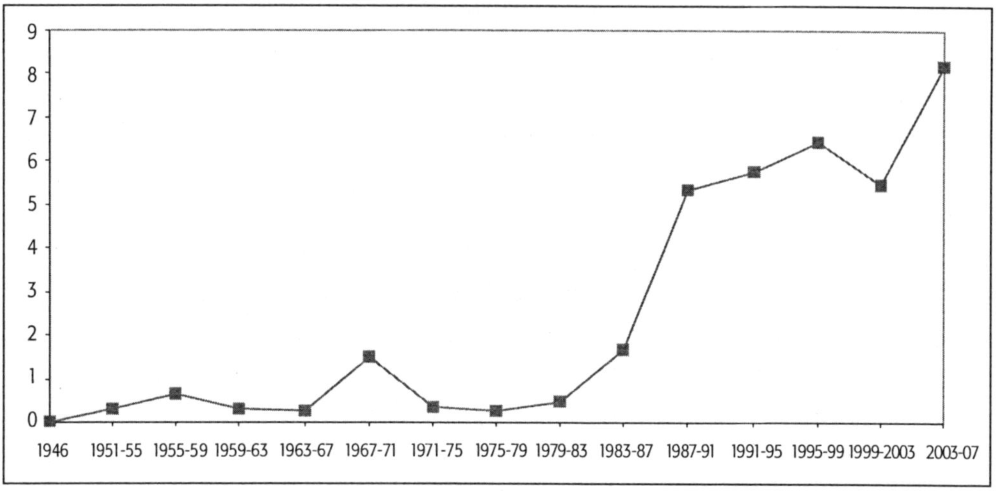

A representação feminina não só vem aumentando na Câmara dos Deputados e nas assembléias legislativas como, se o desejasse, poderia ocupar substancial parcela dos cargos de direção partidária, conforme é recomendado pela legislação corrente. Entretanto, informam os partidos que a demanda tem sido menor do que a lei anteciparia ou do que a intensidade da demanda anterior faria imaginar. De qualquer modo, deixou de ser razoável atribuir ao sistema político posturas discriminatórias contra mulheres. Nem, igualmente, contra negros, índios ou qualquer outro grupo categórico, à exceção de loucos e detentos. Até mesmo os filhos-família, mantidos pela parentela e, por isso, inelegíveis pela legislação imperial do século XIX, estão livres para postular cargos eletivos. Considerando que nenhum partido político brasileiro tem preenchido a cota de candidatos a que cada um tem direito por lei, é de se imaginar que não será por conta da escolha de privilegiados em detrimento dos grupos mencionados que observaremos, como observamos, reduzido número de seus membros em postos submetidos à competição política.

Talvez o mais sólido estereótipo a propósito da vida partidária-parlamentar brasileira refira-se à dogmática asserção de que não existem, em nosso horizonte, partidos dignos do nome, razão pela qual o Parlamento não passaria de uma arena em que se trocam favores entre grupos localistas e entre a própria Câmara e o Executivo central. Os fatos, outra vez, revelam que os partidos existem, representam interesses bem específicos e, portanto, diferenciam-se uns dos outros, são coesos, disciplinados, estando longe de desperdiçar o total de seu tempo parlamentar em busca de benesses para seus respectivos eleitorados locais.[78]

Arraigado quase que secularmente, o juízo sobre a putativa fragilidade e inutilidade dos partidos políticos é improcedente. Já antes do golpe de 1964, os partidos políticos brasileiros apresentavam substancial dose de identidade ideológica interna, coerência de comportamento e respeitáveis índices de disciplina partidária. Essa observação aplica-se, em minha opinião, ao período que vai da primeira legislatura pós-Estado Novo ao início dos anos 1960. O governo Juscelino Kubitschek, aliás, constitui magnífico exemplo da previsibilidade do comportamento partidário. A mesma lógica ideológica e de poder característica dos partidos nessa fase veio a se repetir no período pós-militar, ou seja, a partir, sobretudo, das eleições constituintes de 1986. Com efeito, pesquisas tendo por objetivo avaliar o grau de plausibilidade do senso comum, que atribui todos os defeitos possíveis ao sistema partidário brasileiro, têm demonstrado o oposto, a saber, que os partidos parlamentares comportam-se de forma responsável, longe da aleatoriedade que seria de esperar fossem eles não mais do que meros agregados de interesses pessoais e particularistas. Até mesmo uma medida bem mais exigente do que a convergência dos votos de cada partido numa mesma direção — a obediência à orientação da liderança — mostra que o grau de disciplina dos partidos relevantes é bastante elevado, o que, a propósito, é o que permite identificar as coalizões que operam no Parlamento e medir a força de que dispõem. Se o comportamento dos parlamentares seguisse estritamente o errático pontual de seus interesses, seria impossível aos poderes executivos construírem coalizões de apoio consistentes a programas de ação.[79]

Certamente, tal como ocorre em todo sistema partidário, os congressistas possuem colégios eleitorais privilegiados e é natural que assim ocorra, pois, afinal, estão lá para representar esses interesses. Nesse sentido, todo parlamento produz uma proporção de leis com caráter distributivo específico, quase estando assinalado o grupo a que pretendem beneficiar. Não é esse, entretanto, o significado da acusação de clientelismo endereçado ao sistema brasileiro. Designam os analistas,

---

[78] É abundante a bibliografia. Remeto a alguns artigos: Lemos, 2001:561-607; Santos e Amorim Neto, 2002:91-141.

[79] Cf. Figueiredo e Limongi, 1999, especialmente caps. 3 e 4; Amorim Neto e Santos, 2001:291-323.

com o conceito, um tipo de atitude e ação dos parlamentares exclusivamente orientado por visão limitada e de curto prazo, independentemente dos custos gerais da ação, e sem investir estudo e atenção em matérias que interessam ao bem público. Por definição, um político clientelista é um político que busca explorar a coisa pública em favor de grupos que, em troca, o elegem e reelegem, permanecendo alheio aos problemas coletivos que a comunidade possa estar enfrentando.

Não obstante a capacidade persuasiva do argumento, investigações contemporâneas têm buscado avaliar as provas em que tais juízos se sustentam, com o surpreendente resultado, para alguns, de que praticamente a metade do tempo e da iniciativa dos deputados é dedicada a promover regulamentos que atendam ao interesse geral da comunidade. Evidentemente, tal como se comportam os políticos em qualquer democracia, buscam também atender às demandas de seu eleitorado principal, pois, repetindo, é, em princípio, para isso que são eleitos, e é esse o significado amplo de democracia representativa.[80]

Observando o panorama internacional corrente, percebe-se a insatisfação que o público vem manifestando em relação às instituições da democracia. A literatura é crescente e, aparentemente, ameaçadora em seus prognósticos sobre o futuro democrático da humanidade. Ao mesmo tempo, é tranqüilizadora a maioria dos que, não obstante insatisfeitos, ainda preferem a democracia ao autoritarismo. De modo geral, passa-se o mesmo no Brasil. É provável que, se a opinião pública estivesse mais alerta para o que efetivamente significa o Parlamento brasileiro e o papel que tem desempenhado, aí incluídos os partidos que o povoam, com certeza poderia contribuir de modo mais efetivo para o aprimoramento das instituições, as quais, como se sabe, fruto de experimentos humanos, a estes estarão sempre submetidas. Em qualquer caso, e por métrica internacional, é permitido ajuizar sem paroquialismo que o Parlamento brasileiro funciona mais ou menos como funcionam imperfeitamente todos os parlamentos, quando em comparação com aquele que serve como ideal regulador das instituições reais. Sem dúvida, produzem insatisfação, mas o público precisa discernir defeitos que se devem, eventualmente, ao parlamento brasileiro, das peculiaridades que pertencem à instituição parlamentar viva. A instituição parlamentar brasileira convive intensamente com a incerteza e a imprevisibilidade democráticas e, como toda obra humana, participa do bem e do mal.

---

[80] Cf. artigos citados na nota 79.

5

A INTERROGAÇÃO NACIONAL

Entender a histórica instabilidade brasileira, em contraste, por exemplo, com a longa e entorpecida estabilidade chilena e uruguaia até os anos 1970, obriga ao abandono de dualidades solidamente enraizadas na sociologia de senso comum, com constrangedora presença também na América do Sul. Em primeiro lugar, existem instabilidades produtivas e improdutivas, assim como pululam estabilidades comprometidas com a conservação do *status quo*, à diferença de outras, capazes de estimular melhorias nas condições materiais da sociedade. Se as sociedades fossem conduzidas somente pelo acaso, haveria sempre 25% de chance de que um país viesse a atravessar uma instabilidade produtiva ou uma estabilidade dissipativa, ou bem uma instabilidade dissipativa ao invés de uma estabilidade produtiva. As sociedades, contudo, não caminham ao acaso, mas mediante decisões de sua liderança, bem-sucedidas umas, outras fracassadas, sendo certo que são tomadas em contextos gerados por processos básicos sobre os quais a liderança somente exerce remoto e precário controle.

Aceita a distinção entre as estabilidades e as instabilidades, convém ter identificada e medida a base "natural" das sociedades, aqui designada por "infraestrutura material", resultado do efeito interativo e iterativo do crescimento populacional, da urbanização, da diferenciação setorial econômica e da divisão social do trabalho. Em nossa história recente, a instabilidade produtiva tem predominado, no saldo geral, sobre a estabilidade dissipativa, auxiliada por decisões superestruturais apropriadas, em razoável número de oportunidades. A magnitude dessa instabilidade produtiva revelou-se nos números relativos aos grandes agregados da sociedade. Na arena eleitoral, superestrutural, produziu-se vasta revolução no tamanho do eleitorado, em sua nacionalização acelerada, acompanhada pela criação de uma infra-estrutura institucional (as seções eleitorais) de grande extensão.

A arena da sociabilidade reflete igualmente a velocidade das transformações básicas, testemunhando um processo de mobilização social congruente com a extensa mobilização eleitoral em curso. O impacto produzido pela divisão social do trabalho manifesta-se na multiplicação do número de interesses auto-identificados e sua organização. Diminui anualmente o bolsão contendo segmentos da população que ainda não superaram os obstáculos à ação coletiva e criaram os instrumentos institucionais que lhes seriam mais úteis. Mulheres, negros, índios vêem multiplicadas as organizações que se propõem a representá-los fora da arena parlamentar, sem abandono da representação em assembléias eletivas, nas quais disseminam sua presença. Associações em defesa dos direitos humanos, enfim, completam as rubricas das organizações voluntárias com maior taxa de multiplicação nos últimos anos.[81]

É para a arena parlamentar, finalmente, que converge a grande massa de demandas, sugestões, reclamações e contatos de toda ordem, tendo por origem a sociedade organizada. Embora percebido de forma inadequada, o Parlamento vem correspondendo satisfatoriamente, nas condições em que tem sido obrigado a operar. Há certas limitações que parlamento algum pode ultrapassar — o tempo disponível para usar da palavra é um dos requisitos regimentais para a apresentação e, ao fim, votação de projetos com que os parlamentares estão comprometidos. Em contraste com os temores dos estudiosos da erosão do capital social, a sociedade brasileira, por suas instituições sociais e políticas, acha-se a enorme distância dos problemas das tradicionais democracias ricas.

Seria incompleto o quadro da sociedade brasileira se os aspectos importantes de seu atual estágio fossem considerados bem encaminhados. Cabe, na conclusão, interpor maior distância crítica entre a sociedade brasileira como complexo e denso conjunto "nebuloso" e uma avaliação abrangente das circunstâncias mais salientes em que ela se encontra.

---

[81] Cf. Landim, 2005, e a literatura aí citada.

Uma das condições operacionais da democracia refere-se à fragmentação dos interesses representados nos parlamentos, independentemente do número de partidos. Em especial, implica remota possibilidade de que neles se formem maiorias absolutamente consistentes, capazes de, por sua magnitude e homogeneidade de preferências, satisfazer integralmente aos interesses extraparlamentares em jogo. As maiorias serão sempre relativas dentro da sociedade, e o funcionamento da regra de decisão majoritária, nos parlamentos, dá lugar à formulação do que denomino a flexível Lei das Poliarquias: *o número de interesses desfavoravelmente afetados por decisões majoritárias é potencialmente superior ao número de interesses atendidos*, regra responsável pelas reações que contribuem para uma quase que permanente efervescência.

A cláusula fundamental está contida na expressão "potencialmente superior". Dado que o total apurado mediante votação em assembléias indica a opção vencedora em um torneio de preferências positivas, impede-se, pelo mesmo motivo, e na mesma votação, que não se conheça a distribuição de "*preferências negativas*". Para revelar essa distribuição seria necessário solicitar a cada eleitor (representante, no caso de parlamentos) que ordenasse as opções disponíveis, digamos, da mais à menos desejada. Feitos os lances, seria possível apurar o ordenamento final, resultante da adição dos ordenamentos individuais (o sistema eleitoral australiano é praticamente igual à descrição). Essa votação não é realizada e, assim, torna-se inviável o debate sobre a extensão em que a opção aprovada contraria outras maiorias, particularmente quando a opção vencedora é a *segunda* na ordem de preferências das maiorias. Sendo raros os casos em que a segunda opção é submetida como tal, mas sim, como se fosse o resultado de negociação, favorece a aparência de que a maioria obtida significaria que a segunda opção foi elevada à condição de primeira, conforme desejo legítimo da maioria. Com freqüência, não é este o caso.

É naturalmente possível que esse feliz resultado de fato aconteça. Mas também é possível que não, e que, se a opção vencedora, em vez de ser apresentada como ponto de uma negociação que atende aos interesses da maioria, fosse submetida como opção *B*, a segunda na ordem de preferência, também viesse a ser derrotada como a primeira o fora. Quando isso se dá, de forma não mensurada, claro, devem-se esperar insatisfações e murmúrios, os quais não podem se transformar em manifestações, visto que o aprovado o foi em nome da maioria. O constrangimento não impede, todavia, que retornem as pressões sobre os parlamentos para modificação do que foi aprovado.

Em geral, é verdade que existe sólido fundamento para os juízos negativos da opinião pública sobre o funcionamento das instituições democráticas. Eles exprimem a insatisfação poliárquica e constituem a mais essencial instabilidade que conduz a disputas produtivas ou dissipativas. São as disputas produtivas, pontos de essencial insatisfação poliárquica, que promovem o dinamismo das sociedades e, eventualmente, seu progresso material e de bem-estar. A insatisfação, por conseguinte, não autoriza, isoladamente, expectativas pessimistas, muito menos catastróficos juízos sobre a erosão do capital social por conta dos grupos de interesses. No comportamento cotidiano, raríssimas pessoas agem segundo o que seria coerente com as opiniões em que dizem acreditar. A esmagadora maioria das pessoas se comporta conforme as regras sociais de convivência, inclusive na obediência às leis, pela simples, mas fortíssima, razão de que não se conhecem outros caminhos ou, se fossem imaginados, não seria viável percorrê-los, senão os permitidos para a redução dos desequilíbrios existentes. Daí a incongruência entre a opinião e o comportamento do público, gerando energia produtiva, porém, em vez de desalentadora. Devem ser lembrados aqui o avanço no número de eleitores, das organizações coletivas, as centenas de organizações não-governamentais e a modernização permanente dos parlamentos, sem prejuízo da instituição de novos canais de participação.

A insatisfação brasileira, em particular, decorre da circunstância de convivermos em um universo político ocupado por um conjunto de pessoas muito superior ao do período que se estende de 1945 a 1962. E não é fácil administrar o volume de demandas de uma arena política superpovoada. O Brasil de hoje, em termos políticos, não tem nada a ver com o Brasil de antes de 1962, ou com o Brasil do período autoritário. A insatisfação da população revela não tanto uma insatisfação com a democracia, mas com o subdesenvolvimento das instituições democráticas. Nos últimos 10, 15 anos, o país ingressou em um processo de subdesenvolvimento institucional, na medida em que a expansão e o amadurecimento da sociedade política, sua crescente diferenciação e heterogeneidade de grupos de interesse não se vêem adequadamente expressos nas instituições, especialmente em suas rotinas de decisão. Nos países de democracia enraizada, existe suspeição quanto à representatividade e à eficiência das atuais instituições democráticas, que há décadas funcionam da mesma maneira. Deve ser enfatizado, sobretudo, que, neles, a capacidade estatal garante o pleno exercício dos direitos políticos, assegurando, na base, o cumprimento dos artigos constitucionais que estabelecem a igualdade jurídica. No Brasil, as instituições que, algumas, vêm de antes da Revolução de 30, certamente de antes de 1950, respondem insatisfatoriamente às demandas que a megaconversão cívica ocorrida nos últimos 60 anos semeou. Entre outras razões, porque o Estado não tem força e autoridade suficientes para fazer com que tenham eficácia certas exigências constitucionais básicas: direitos de ir e vir, de crença, de opinião e de organização, para nada dizer da participação em plebiscitos, referendos ou legislação de iniciativa popular.

Durante a vigência da Constituição de 1946, até 1964, o conjunto de direitos políticos e sociais que tornava os cidadãos iguais perante a lei restringia-se praticamente aos clássicos direitos de ir e vir, de opinião, crença e organização, e ainda assim deles estando excluídas grandes parcelas da população. Sabia-se que os analfabetos não podiam votar, que aos trabalhadores do campo não era assegurado o direito de organização sindical e que aos trabalhadores urbanos e servidores públicos era formalmente negado o direito de greve. Ademais, era notória a exclusão ou a discriminação de mulheres, negros e índios do mercado consumidor de bens políticos, assim como dele não participavam certas minorias religiosas e outras. Em última análise, tratava-se de uma comunidade política em que os direitos civis e políticos modernos ou não eram garantidos a todos os membros, ou o acesso a eles era claramente desigual. Uma sociedade composta de elites e classes médias, enfim, no que concerne à plenitude de aproveitamento das garantias constitucionais. Por outro lado, àqueles privilegiados pela legislação e pelos costumes era assegurada com quase total eficácia a participação no consumo constitucional de direitos. O diagrama a seguir ilustra o fenômeno:

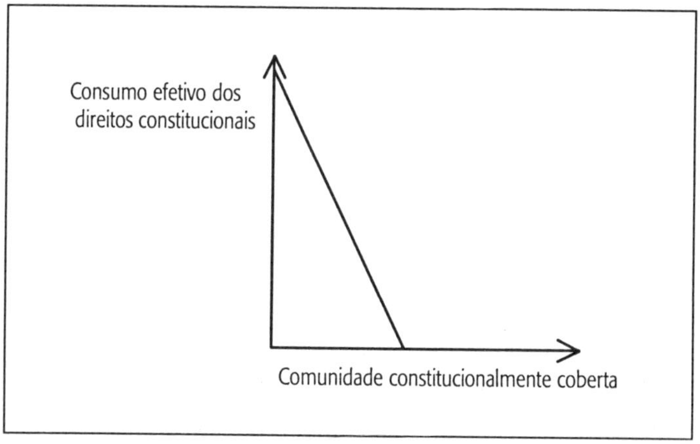

A sociedade brasileira realmente protegida pelas normas constitucionais ou consuetudinárias era consideravelmente restrita, mas a eficácia das normas era praticamente total. Elites e classes médias podiam com efeito ir e vir, se organizar, manifestar opiniões, com quase absoluta garantia de que o exercício desses direitos não seria impedido ou dificultado pelo Estado e nem por entidades privadas. Não resta dúvida de que constituíam uma minoria, os civicamente libertos, mas habilitados a consumir integralmente os direitos que lhes eram consagrados na Constituição.

Os números expostos no capítulo 3, sobre a arena eleitoral, devem ser agora projetados sobre a Constituição de 1988, de acordo com a qual alguns dos direitos obtidos durante a ditadura militar (voto dos analfabetos e organização dos trabalhadores do campo, entre outros) foram constitucionalmente incorporados, além dos que vigiam antes de 1964, então usufruídos exclusivamente por aquela minoria. Além disso, foi bastante ampliado o leque constitucional de bens politicamente regulados — fundos de pensão, seguros de saúde etc. Em sentido jurídico, pode-se assinalar que houve uma universalização territorial da aplicação das normas constitucionais, tanto no território da hierarquia social, quanto no território horizontal da distribuição espacial. Contrariamente, porém, a capacidade estatal de assegurar aos cidadãos o consumo dos direitos constitucionais regrediu ao longo do tempo de tal modo que um diagrama ilustrativo da situação seria o oposto do anterior, como a seguir:

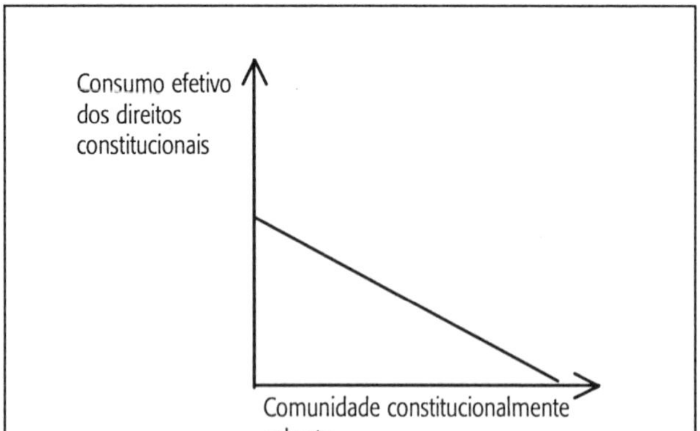

Salvo pelas discriminações informais conhecidas, intensamente combatidas e sujeitas a sanções penais, é razoável aceitar que, do ponto de vista dos direitos constitucionais e consuetudinários, quase toda a população está agora jurídica e politicamente protegida. Todavia, a eficácia das normas é cada vez mais reduzida, tanto no que se refere a direitos básicos clássicos — de ir e vir, de organização e opinião —, quanto no que toca aos demais direitos consagrados pela Constituição. Exceto pelo exercício do voto, praticamente garantido a todos os eleitores, embora freqüentemente violado na periférica fronteira Norte e do Centro-Oeste, todos os demais direitos constitucionais são deficientemente assegurados: os direitos clássicos são maculados pela violência generalizada; os bens públicos básicos de educação e saúde são escassos; o acesso a saneamento, água e iluminação é, em algumas áreas, crítico.

Idealmente, uma comunidade política com tendência à territorialização constitucional (social, política e geográfica) estaria espelhada no diagrama a seguir:

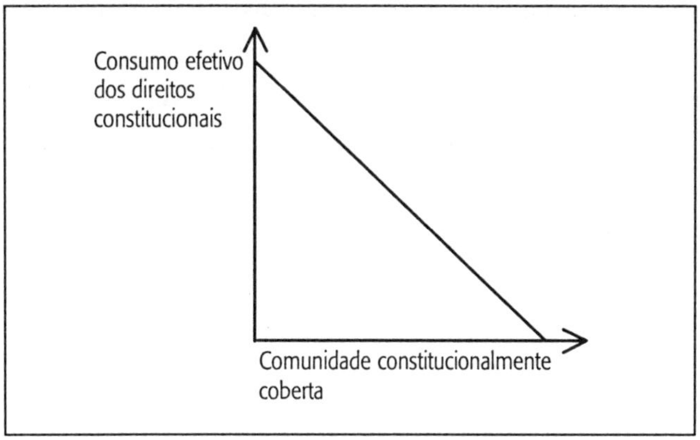

O Brasil está longe de ser fidedignamente representado pelo triângulo democrático acima. Mas, ao contrário de interpretar com pessimismo a insatisfação manifestada pela população brasileira, é importante perceber que a inquietação decorre da escala em que a sociedade ingressou na competição e na disputa política, na expansão das arenas eleitorais e associativas, ao passo que as instituições estatais e jurídico-institucionais permaneceram em larga medida em seu estágio de desenvolvimento anterior. Ou seja, por inércia, o país atravessou um período em que se caracterizaria por estar em processo de subdesenvolvimento institucional. Mas não agora.

O Brasil está, de fato, ingressando, e não saindo, do universo da política representativa e da universalização de direitos. Antes de juízos definitivos sobre a democracia brasileira, requer-se um mínimo de informação sobre o mundo ao qual estamos aderindo. No caso, ao universo de efetivas democracias representativas, cujas instituições centrais — partidos, grupos de interesse, correntes de opinião — encontram-se, para debate e confronto, cooperação e conflito, precisamente nos parlamentos. À parte os parlamentos de sábado de aleluia, simulacros que habitualmente servem de *bouc émmisaire* catártico das agruras individuais, a indagação sobre a relativa paralisia que comprometeu a acumulação de instabilidades produtivas, substituindo-as por instabilidades perdulárias, ou estabilidades dissipativas, remete à investigação das razões que explicam a incongruência entre as explosões eleitorais, associativas e de agitação parlamentar, tudo convergindo para manifestações de insatisfação poliárquica, e a reduzida mobilização da mesma energia a fim de diminuir a freqüência das instabilidades ou estabilidades dissipativas. Com taxas, dinâmicas eleitorais e organizacionais bem inferiores às do Brasil contemporâneo, as atuais democracias ricas foram capazes de superar, no passado, grande parte dos desequilíbrios improdutivos de que eram vítimas. O que tem impedido o Brasil de atravessar a mesma passarela? Esta a faceta mais profunda da interrogação nacional, para a qual a parte II sugere uma resposta.

PARTE II

HORIZONTE DO DESEJO

Privação, inércia e fracasso

NOTÍCIA PRELIMINAR

Distribuí a alguns colegas a primeira versão deste estudo no ano de 2000, ainda sob a forma de relatório enviado ao Instituto Brasileiro de Geografia e Estatística. A extensa pesquisa sobre padrão de vida que o instituto promovera com amostras das regiões Sudeste e Nordeste tivera seus resultados distribuídos, em 1998, para análise por especialistas em diversas áreas econômicas e sociais. A mim coube interpretar as respostas ao quesito que versava sobre percepção das condições de vida e aspirações de renda. À parte comentários gerais, Sergio Abranches criticou detidamente um antigo primeiro capítulo sobre políticas sociais que, a esta altura, já estaria obsoleto. Em conseqüência, não foi incluído. Adalberto Moreira Cardoso fez dois comentários. O primeiro informava que o título — *Horizonte do desejo* — seria um plágio de Thomas Hobbes, o que me surpreendeu e desapontou. Pedi-lhe que indicasse o texto hobbesiano, decidido a manter o título, mas referi-lo ao local apropriado. Disse-me Adalberto, algum tempo depois, que não encontrara a citação e que provavelmente se enganara. Pelo sim, pelo não, se algum leitor encontrar a passagem de Hobbes, deve ficar informado de que a precedência da denúncia de plágio pertence a Adalberto Moreira Cardoso. O segundo comentário esclarecia que minhas hipóteses faziam parte do estoque de idéias que os pós-modernos vinham explorando há algum tempo. Não conhecia, à época, e continuo não conhecendo, nenhuma literatura pós-moderna que trate das teses aqui expostas. Mas não sigo com atenção as modas que vão e que vêm.

Agradeço a atenção e a generosidade dos colegas que comentaram o texto antigo. Retomei recentemente o estudo e algo que deveria servir como breve introdução terminou transformando-se na primeira parte do volume. Acrescentei ao relatório original "Horizonte do desejo", não publicado, análises e reflexões ausentes dele e também inéditas. Nesta retomada, contei com a inestimável assistência de pesquisa de Fabrícia Guimarães e com a colaboração administrativa e secretarial de Sheila Sandes, já mencionadas no prefácio. Ambas sabem o quanto lhes devo e o quanto lhes sou grato.

6

INTRODUÇÃO AO HORIZONTE DO DESEJO

O Brasil costuma provocar lapsos de entendimento. Tendo experimentado duas formidáveis transformações ao longo do século XX, enfrenta a importação de estereótipos e enreda-se em análises que substituem a empreitada de revelar os mecanismos estabilizadores da miséria pelo registro das representações que os miseráveis fazem de si próprios. Uma das transformações foi material, em conseqüência do espetacular desempenho da economia nos primeiros 80 anos do século passado; a outra foi cívica, fruto da conversão de habitantes em eleitores durante a segunda metade do mesmo século, em escala sem paralelo na história dos sistemas políticos representativos.

E, contudo, a população que habita o território da pobreza ainda acumula números absolutos equivalentes à soma dos habitantes de vários países europeus. Outra vez heterodoxo, enquanto a afluência de alguns países constituiu-se, secularmente, pela constante dialética entre expansão econômica, por um lado, e distribuição de riqueza, por outro, via participação política ampliada, no Brasil estabeleceu-se renitente divergência entre os rumos do progresso material e o estado social da nação. Os últimos números, que em breve serão banais de tanto uso retórico, apontam 53 milhões de pobres (34% da população), dos quais 22 milhões de indigentes, aqueles que, por definição classificatória, não conseguem mais do que R$ 60 de renda mensal.[82] Seja lá o que pensem sobre si próprias

[82] Divulgo os números conforme os critérios de classificação de indigência e pobreza adotados por Barros, Henriques e Mendonça, 2001. Para os autores do *Mapa do fim da fome: metas*

essas nações de pobres e indigentes (o total atingindo a quase uma Itália de pobres, acobertando uma confederação de suíços, suecos, noruegueses e neozelandeses, todos juntos e indigentes), não foram bons ou maus pensamentos que os colocaram onde estão. Pretender, contudo, que a acumulação econômica tenha sido inútil porque perversa e que a participação política tem sido irrelevante, não havendo corrigido aquela, revela descuidado diagnóstico com reduzido raio de inteligência da operação do mundo social. Importa sugerir alguma fresta de entendimento desse secular aleijão, abstração feita do que fabulam os miseráveis que nele vivem.

Algo atrasado, e de forma um tanto instável, caminhou o país para a modernidade política depois de 1945. Registre-se, em perspectiva, que a trajetória da denominada República Velha distinguiu-se na América Latina por exemplar estabilidade oligárquica. Próprios de toda oligarquia, não nos faltaram os episódios de violência em nível local, intimidação, fraude eleitoral e repressão às falanges oposicionistas. A rigor, entretanto, a ausência de efetivos direitos de ir e vir, de opinião e organização, característicos de todo o período, não difere excessivamente do que se verifica, hoje, nas áreas urbanas de habitação popular, nem estão ausentes os representantes do poder público hoje, assim como antes, da galeria de mandantes e executores de violência extrajudicial.

Fragilidade das garantias constitucionais à parte, a biografia oligárquica do país foi modelar: respeito às regras do jogo, conquanto discriminatórias, e participação política radicalmente restrita. A maior taxa de comparecimento durante a República Velha ocorreu nas eleições de 1930, quando votaram 1.890.524 eleitores, equivalentes a 5,6% da população. Nas 11 eleições presidenciais disputadas entre 1894 e 1930, o comparecimento médio de eleitores correspondeu a 2,6% da população. Quase tudo isso muda rapidamente depois de 1945. Se o respeito às regras do jogo passa a ser duvidoso, a participação política através de eleições cresce a taxas sem precedente na história eleitoral de qualquer país. Passamos de 7,5 milhões de eleitores votando para presidente da República, em 1945, aos 82

---

sociais contra miséria nos municípios fluminenses (FGV/IBRE, 2001), o número de *indigentes*, pessoas com renda mensal *per capita* inferior a R$ 80, alcançaria a cifra de 50 milhões, equivalentes a 29,3% da população brasileira recenseada em 2000, de praticamente 170 milhões. Diferenças classificatórias são, neste caso, irrelevantes, diante da concordância em relação à magnitude do número daqueles que todos os autores consideram como vivendo abaixo de um aceitável limite mínimo de renda *per capita*.

milhões registrados no segundo turno da eleição de Fernando Collor, em 1989, e destes aos 115 milhões inscritos nas eleições nacionais de 2002.[83]

Não se recomenda inferir excessivos méritos desses números. Seria tolo, contudo, menosprezá-los em ponderações de estéril radicalidade democrática. Mesmo durante a ditadura os resultados eleitorais, particularmente os de 1974 e 1978, contribuíram com importante alento à resistência civil. Entre eleições mais ou menos constrangidas e, outras, totalmente livres, as de 2002 comparecem como a 15ª eleição federal e estadual na série ininterrupta desde 1945, nem muito mais, nem muito menos do que as que se processaram nas demais democracias no mesmo período. Além da adição no número de oportunidades de escolha do eleitor que a competição acarreta, a própria composição do corpo representativo se renova e transforma a cada eleição. Por questões de natureza infra-estrutural, como descritas na parte I, política e de história, o espetacular salto da economia em interação com a não menos teatral mobilização eleitoral deveriam ter produzido uma sociedade em que a maioria dos estamentos sociais reconhecesse que a operação do sistema, ainda que imperfeitamente equânime, atendia ao critério de vantagens mútuas. Como se sabe, o desanimador estado social da nação está bem distante sequer de algum sinônimo da expressão "imperfeitamente justo", devendo-se simplesmente esquecer a possibilidade de que se observem vantagens mútuas de razoável magnitude nas mais importantes relações econômicas e sociais.[84] Não há quem as negue, a sério, mas são oportunas algumas lembranças de desconcertantes variações nas estatísticas contemporâneas.

Não é de hoje que o Brasil oferece suculento cardápio de desigualdades: pessoais, por cor, entre sexos, classes e regiões, com freqüência acotovelando-se

---

[83] As transformações políticas e sociais do Brasil no último meio século estão descritas na parte I.

[84] Em desafio à tradicional doutrina poliárquica, Russell Hardin argumentou recentemente que as democracias só se sustentam enquanto são capazes de garantir benefícios materiais aos principais participantes da competição política. Cf. Hardin, 1999. Convido o leitor a contrastar o tipo de abordagem de Hardin à mais clássica, embora não menos provocante, de John Gray, em *Two faces of liberalism* (2000), no qual argumenta que, mesmo em situação de conflito agudo, a democracia se manterá se, e enquanto, os principais atores aderirem a regras que garantam um *modus vivendi* a todos. Não será precipitado considerar que, no estágio probatório em que se encontra a poliarquia brasileira, se observa uma efetiva concorrência entre o princípio da tolerância das diferenças (*modus vivendi*) e a defesa radical e irrenunciável do interesse próprio.

umas sobre as outras. Em média, os brasileiros esperam 68 anos de vida, mas os maranhenses somente 64, os paraibanos 63 e os alagoanos 62, bem distantes da média de 71 anos da expectativa gaúcha. A taxa de mortalidade de menores de cinco anos, em conseqüência de doenças infecto-contagiosas, é de 10% para o Brasil, porém de 21% no Ceará e de 25% em Roraima. Os cerca de 11% de analfabetos da população brasileira com idade igual ou superior a 15 anos transformam-se em 30% em Alagoas e 28% no Piauí, subindo para 47 e 44%, respectivamente, na área rural. Se, na média nacional e por decorrência de carteira de trabalho assinada, 62% dos empregados contam com proteção trabalhista e previdenciária, o grupo dos protegidos cai para 38% no Piauí, 36% no Maranhão e 29% em Tocantins.[85] A proteção ao trabalhador, assegurada pelo registro do emprego em carteira, é regionalmente bastante desigual e diferenças percentuais permanecem quando se observa a variação em números de empregados efetivamente ocupados, entre 1992 e 1999, e o *decréscimo* no número dos que, no mesmo período, tiveram ou mantêm registro de emprego em suas carteiras. A população efetivamente ocupada cresceu, no Brasil, 10% e, em ordem regional decrescente, 28% no Norte, 14% no Centro-Oeste, 11% no Nordeste e 9 e 6%, respectivamente, no Sudeste e no Sul, entre 1992 e 1999. No mesmo período, o número de *empregados* ocupados reduziu-se em 3,2% no Brasil e, em ordem regional crescente, em 3,3% no Sudeste, 6,0% no Nordeste e 9,0% no Norte. Só nas regiões Sul e Centro-Oeste é que a população de empregados efetivamente ocupados aumentou, respectivamente, em 0,4 e 1,7%. Já a população de empregados protegidos pelo registro em carteira diminuiu em todo o país. No Brasil, em 4,2% e, novamente em ordem crescente de desamparo trabalhista, 2,3% no Sul, 4,2% no Nordeste, 5,0% no Centro-Oeste, 5,4% no Sudeste e 12,2% no Norte. Quer dizer, reduziu-se proporcionalmente o mercado de trabalho e, dentro deste, o subconjunto dos empregados com proteção trabalhista.

Pelo lado da renda *per capita* familiar, enquanto 70% das famílias brasileiras não ultrapassavam o salário mínimo em mais de duas vezes, o mesmo e modestíssimo intervalo de renda cobria 81% das famílias maranhenses e 89% das famílias do Piauí.[86] Incluindo cor e gênero na contabilidade, a taxa de desempre-

[85] IBGE, *Síntese de indicadores sociais*, 2004.

[86] Os leitores encontrarão as informações básicas pertinentes nas *Pesquisas nacionais por amostragem de domicílios* (Pnads), do IBGE, anos de 1998 e 1999, e na *Síntese de indicadores sociais 2000*, também do IBGE.

go na área metropolitana de São Paulo, em 1998, era de 13,8% para homens não-negros e de 20,9% para os negros, de 19,2% para mulheres não-negras e de 25% para as negras. Distâncias relativamente equivalentes entre negros e não-negros, homens e mulheres, repetem-se nas áreas metropolitanas de Salvador, Recife, Distrito Federal, Belo Horizonte e Porto Alegre. A renda mensal padronizada em reais de setembro de 1998, por 40 horas de trabalho, obedecia ao seguinte ordenamento: homens brancos (R$ 726), mulheres brancas (R$ 527), homens negros (R$ 337) e mulheres negras (R$ 289). Em levantamento que fiz em 1985, portanto 13 anos antes do agora relatado, a ordenação era exatamente a mesma.[87] Ao que parece, miséria relativa e iniqüidades absolutas ter-se-iam convertido em instituições nacionais historicamente preservadas.

O total de analfabetos brasileiros alcançava a cifra de 57% em 1940, continuando o país às voltas com a mazela em 1999, exibindo resistentes 13,4% de iletrados completos. Lentamente, o analfabetismo recuou 5,3 pontos percentuais entre 1940 e 1950, 6,5 pontos de 1970 a 1980, 7,7 entre 1980 e 1990, e escassos 3,9 pontos percentuais de 1992 a 1999. Nesse ritmo, o analfabetismo estará extinto por volta de 2040, um século depois do início desta contagem. Provavelmente com diferenças regionais ainda marcantes, pois se, entre 1992 e 1999, o analfabetismo entre os habitantes de 15 anos e mais diminuiu em 28,4% no Sudeste, esse progresso se fez a ritmo decrescente nas demais regiões: 25,5% no Centro-Oeste, 23,5% no Sul, 19% no Nordeste e 3,3% no Norte. O vagar nacional é assustador e sem competidores entre os países economicamente maduros.

Já vistas as discrepâncias regionais, registra-se ao longo do tempo que a esperança nacional de vida aumentou em 15% durante os anos 1970, velocidade reduzida a um acréscimo de 6,0% de 1980 a 1991, e a 1,5% de 1991 a 1995, informa o Índice de Desenvolvimento Humano da ONU, editado em 1998. A mortalidade infantil reduziu-se em 22,6% ao longo de 1970, ainda em mais 40,0% nos anos 1980, mas não diminuiu além de 19,5% entre 1992 e 1999. É certo que a velocidade no aumento ou na diminuição de atributos de agregados sociais tende a se reduzir à medida que fica mais próximo de um teto ou solo presumíveis (0% de analfabetismo, por exemplo). De qualquer modo, e mes-

---

[87] Para os dados atuais, ver a reportagem de *Rumos* (abr. 2001), com base em informações elaboradas pelo Ipea e pelo Dieese. A avaliação feita em meados da década de 1980 encontra-se em Santos, 2003.

mo com essa cláusula de qualificação, o progresso social brasileiro tem sido lentíssimo.[88] Sem dúvida, o Brasil sofre de uma inflação de péssimos números. Natureza? Destino? Castigo?

As faces da enigmática Eva brasileira confundem: espetacular transformação econômica, invejável presteza na construção de uma comunidade eleitoral depois da II Guerra Mundial e consistente ou mesmo intensificada reprodução de não menos cinematográfico sistema de carências e desigualdades. Contrariando opiniões, o Brasil é um país injusto e, mais do que pobre, parcialmente miserável.[89] Como?

Secular controle do poder político pelas elites, patológico resultado da miscigenação, que daria origem à indolência, além de genética tristeza, espoliação internacional, clientelismo, paternalismo, passividade da cidadania, alma conformista, tradição ibérica são todas hipóteses banais, presentes em qualquer avaliação perfunctória da matéria, às vezes confundindo-se duas ou mais delas. Em todas, também, a ausência de reflexão sobre a natural resistência de tudo que existe, inclusive das sociedades, a mudanças bruscas, além de total negligência, nos mecanismos explicativos, da dimensão racional das ações humanas. Não tem sido explorada a possibilidade de que a putativa alienação das massas, cativas em seu exaustivo papel de fábrica de representações, derive de bem elaborada estratégia de sobrevivência em um contexto de constitucionalidade precária como a do Brasil.[90]

---

[88] Em 2005, o Ipea publicou excelente volume com as mais atualizadas estatísticas sobre todos os indicadores sociais, inclusive vários não mencionados aqui. Ver Ipea, 2005.

[89] Barros, Henriques e Mendonça, 2001, afirmam que o Brasil não é um país pobre, mas possui muitos pobres. A razão pela qual não seria pobre decorre de ser razoável a renda *per capita* do país, quando comparada a 77% da população mundial que vive em países com renda *per capita* inferior à brasileira. O argumento, contrariando-o por redução ao absurdo, obrigaria a não considerar pobre um país cuja renda *per capita* fosse o triplo da brasileira, mesmo que 1% de sua população concentrasse 99% da renda total, distribuindo-se o restante 1% da renda pelos 99% da população. Seria este também um país não-pobre, dado que sua renda *per capita* seria superior à de dezenas de países, inclusive à do Brasil, mas, tal como o Brasil, com muitos pobres. Abstratamente, essa classificação nominal valeria tanto quanto qualquer classificação alternativa, mas é duvidoso que traduzisse fidedignamente o que acontece no mundo dos seres de carne e osso.

[90] Excelente discussão sobre a reduzida quantidade de informações necessárias para votar de acordo com os próprios interesses – qualificando, portanto, os iletrados – encontra-se em Lupia e McCubbins, 1998.

Reivindico entendimento mais parcimonioso e mais atento às propriedades materiais da sociedade, tanto quanto à universal racionalidade de que são dotadas as pessoas, independentemente de renda ou grau de instrução. Refiro-me à hipótese assentada em conceituação precisa das variáveis aqui designadas por inércia social e custos do fracasso da ação coletiva.[91] Independentemente de renda ou ocupação, ver-se-á que os desafortunados como que ajustam a percepção da circunstância em que vivem à métrica do que imaginam viriam a ser satisfatórias condições de vida. É para a explicação dessas representações que os conceitos de inércia e custos do fracasso contribuem de forma decisiva e é tendo esse objetivo que descrevo o universo material de coisas e pessoas que comporão o cenário e as personagens da narrativa posterior.

Se por acaso fosse sorteado como entrevistado da pesquisa sobre padrão de vida, o leitor teria cerca de 48,5% de chances de ser homem, o que é praticamente típico da população brasileira, na qual se encontram 51,5% de mulheres. Postulando que o universo de pessoas investigadas é igualmente típico, o leitor ou leitora seria provavelmente de cor não-branca (54,0%) e, por escassa maioria absoluta, sendo homem, solteiro (51,0%).[92]

Dos investigados, 65% são eleitores potenciais, posto que têm 16 anos ou mais, universo, portanto, contendo cidadãos em gozo pleno de seus direitos políticos (nem encarcerados ou mentalmente desequilibrados fazem parte do conjunto). Entre os sorteados, 62,0% já experimentaram a rotina disciplinadora do trabalho e, talvez também tipicamente, 69,9% a tiveram antes de completar 16 anos, limite mínimo do direito de voto. O início da idade adulta começa cedo para mais de dois terços da população, pela obrigação do trabalho antes do que pelo direito do voto. Em qualquer caso, depois de todos computados, 61,0% ingressaram na vida produtiva como empregados.

Vistos os números antecedentes, não surpreende verificar que 93,0% dos entrevistados vivem com muita ou alguma dificuldade. Em geral, 58,4% descre-

---

[91] Tenho insistido na crucial relevância de ambos os conceitos, sobretudo em análises comparativas, pois não constituem conceitos idiossincráticos, ajustados a "peculiaridades ibero-latinas", mas universais cláusulas explicativas de processos de mudança social em geral. Cf., por exemplo, Santos, 2001.

[92] IBGE/Diretoria de Pesquisas/Departamento de População e Indicadores Sociais. *Pesquisa sobre padrões de vida, 1996-1997*, com amostras das regiões Sudeste e Nordeste. Daqui em diante mencionada como *PPV*.

vem a própria vida como oscilando entre regular e muito ruim; só 7,0% a consideram muito boa.[93] Ocupados em administrar carências privadas, é também compreensível que não contribuam para nenhum trabalho comunitário (só 2,7% o fizeram). Os níveis de associativismo, embora crescentes, e relevantes como contra-argumento à hipótese de erosão do capital social, continuam quase tão baixos quanto o suplemento especial da Pnad-1988, reiterados pela Pesquisa Mensal de Emprego de 1996, já revelara. Comparativamente, a proporção de pessoas filiadas ou associadas a sindicatos, órgãos comunitários e tradicionais associações de classe, que era de 29% em 1988, aumenta discretamente para 31% em 1996.[94] Como visto, as associações civis têm crescido muito, mas, em comparação com outras sociedades plurais, o Brasil ainda é um país relativamente atrasado.

Este agregado humano particular faz parte do grande conjunto de 154.360.589 pessoas que constituíam a população brasileira à época (1996), das quais 79,4% já eram urbanitas. Aqueles e aquelas com 10 anos ou mais estavam incluídos em uma população economicamente ativa de 73.120.101 de almas, 60,0% pertencentes àqueles e, complementarmente, 40,0% àquelas. Ativo não implica, necessariamente, estado de ocupação efetiva no momento da investigação ou do censo e, da PEA contabilizada, somente 68.040.206 pessoas (44% da PEA total de 1996) estavam com efeito ocupadas. Como indicadores de tendência ao gregarismo e de cálculo sobre o futuro, registrados pela PPV, estima-se que 16,6% associavam-se a sindicatos e 43,7% contribuíam para institutos de previdência. Contudo, pela *Síntese de indicadores sociais 2000*, do IBGE, observou-se que, entre 1992 e 1999, houve piora nas taxas de emprego, de cobertura trabalhista — assegurada pela carteira de trabalho assinada — e de contribuição para a previdência social.[95] Enfim, a fragilidade da rede de proteção social do país, não pela ausência de programas, é visível e não pertence ao rol de temas polêmicos. Contribuem para a insegurança social a descrença na eficácia desses programas e o custo burocrático de usufruí-los – documentos comprobatórios, certidões, filas

[93] Não vou tomar como critério nenhuma definição econômica de pobreza, mas a chamada função renda de bem-estar individual, tal como revelada por um "cidadão típico". Como é natural, essas avaliações manifestam algum viés, tanto em relação à situação real do respondente, quanto ao que ele julga necessário para alcançar uma vida "boa". Cf. Goedhart, Halberstadt, Kapteyn e Praag, 1977:503-520.

[94] Cf. IBGE. *Pesquisa mensal de emprego...*, 1997.

[95] Condições reiteradas em Ipea, 2005.

de atendimento. Um estado social percebido como de desamparo, fruto de décadas de negligência, responde em parte pelo comportamento relativamente inercial da população em face das próprias carências. Nisto, a responsabilidade da instabilidade produtiva, tão condenada, é nula.

Organizados familiarmente, somavam 39.745.768 domicílios permanentes, 81,0% instalados em áreas urbanas. A cifra correspondente aos domicílios rurais alcançava 7.518.610, dos quais 19,7% estavam ligados à rede geral de abastecimento de água, 3,7% à rede de esgoto sanitário e 38,0% não estavam conectados a nada. A *Síntese de indicadores sociais 2000*, válido para a população total do país, confirmou a fotografia não muito generosa da ecologia existencial da amostra registrada pela PPV.

Existem informações sobre o material de que são feitos os lares, da choupana às mansões, quantos cômodos possuem, e o número de pessoas acomodadas. Também estão disponíveis informações sobre a distribuição de fogões, rádios, geladeiras, filtros e todos os demais itens que compõem a base material de sobrevivência e consumo. Quanto ao grau de satisfação por eles proporcionado, porém, as informações silenciam. E aqui abre-se novo capítulo, o capítulo das privações relativas.

O aflito sentimento de privação relativa, degrau acima da carência absoluta, instala-se precisamente nos interstícios que se expandem ou contraem entre aquilo de que se dispõe e aquilo de que se ambiciona dispor, entre o real cotidiano e o horizonte do desejo. Por suposições ainda controversas, admite-se que a existência de objetos de consumo (que de fato são consumidos por alguns) produza, com a ajuda do denominado efeito de demonstração, automático e generalizado desejo por tais objetos. Como se, em qualquer estação de vida, todos ambicionassem as mesmas coisas, isto é, tudo aquilo que se encontra oferecido ao consumo. Em conseqüência, quanto mais modesto o consumo real, maior seria o hiato entre o que alguém possui e o horizonte de seu desejo. Ainda por premissa utilitarista, não haveria limite à dinâmica da ambição: acumuladores, preferimos todos, sempre, mais a menos. É uma hipótese respeitável. Trata-se, neste estudo, de esboçar esse horizonte do desejo, investigando eventual constância ou inexistência de um limiar de ambição possessiva, e ponderar sobre o impacto que esses parâmetros da vida coletiva vêm produzindo no exercício da democracia. Como reage a população à conseqüência dos desequilíbrios produtivos ou meramente perdulários? Por que, conhecido o estado social da nação, os níveis de associativismo e, em especial, a formulação de demandas apenas arranham a superfície da vasta combinatória social brasileira?

Será em benefício da compreensão do estágio relativo em que se encontra a população brasileira que traçarei, em perspectiva macro-histórica, um cenário especulativo de uma virtual relação entre fundamento material e aspirações humanas.

7

A EXAUSTÃO DE HOBBES-MARX

Há quem considere o Brasil exemplar remanescente de espécie já evolucionariamente extinta — a dos países inviáveis. Há, otimisticamente, quem insista em considerá-lo país do futuro, à espera das adaptações que o converteriam em bem-sucedido reprodutor de si mesmo. Em um e em outro caso, imagina-se que o passado nacional pré-estipula o número de opções ainda abertas na exata medida em que, por seu passado, o país teria se tornado desprovido de recursos para fazer certas escolhas. Pelo menos, no curto prazo.

Entre os ingredientes do passado que nos danariam, encontra-se a famosa tradição ibérica. No caso brasileiro, não consigo perceber nada além de alguns itens da dieta alimentar de algumas regiões como evidências dessa tradição. Tão fortes, aliás, quanto as evidências da tradição africana, italiana, alemã e japonesa, dependendo da região. *O legado histórico de um país refere-se exclusivamente aos possíveis que não aconteceram, aos roteiros que não foram seguidos e, a rigor, jamais saberemos o que podemos ou não podemos fazer, hoje, por conta do que fizemos ou evitamos fazer no passado.* Tão indemonstrável quanto a tese oposta, adoto a premissa de que estamos diante das mesmas opções que estaríamos, independentemente da trajetória percorrida. Ou seja, se o presente se explica por um processo rota-dependente, isto é, pelas escolhas sucessivas que nos trouxeram a ele, nada comprova que se esteja nele "acorrentado" (*locked-in*).

Em resumo, meu argumento consiste em sustentar que, se a premissa maximizadora hobbesiana estiver exausta[96] e se vierem a desaparecer os obstáculos institucionais à expansão das forças produtivas, é provável que entre uma das conseqüências operadas em tal mundo possível esteja a crescente desimportância das desigualdades sociais relativas. Antes que se extraiam inferências não autorizadas pelo argumento, acrescento duas importantes qualificações:

- a tese refere-se à macro-história, a estágios civilizatórios, e não se aplica, necessariamente, com a mesma *amplitude*, a sociedades particulares; e
- localmente, isto é, no Brasil, o estado social da nação ainda dá lugar à tese de que a elevação do patamar básico de bem-estar coletivo via políticas específicas pode constituir impulso adicional ao crescimento bruto do país.

Em outras palavras, a percepção de que a redistribuição de renda termina por ser importante condição para a acumulação de capital, como o foi em períodos históricos pregressos dos países ricos, encontra respaldo em nosso estado contemporâneo. É esse estado ainda germinal da civilização material brasileira que propiciará os parâmetros para esclarecimento do lapso de entendimento que aprisiona as análises da singular combinatória brasileira.[97]

Registradas as cláusulas de qualificação, retorno ao tema. Admitindo, para efeito de argumentação, a hipótese da exaustão civilizatória de Hobbes, e de Marx, de que se tratará adiante, segue-se que o objeto permanente e principal das políticas de governo deve ser o de estimular o crescimento econômico, por intermédio do qual se consiga elevar significativamente o patamar mínimo do poder de compra das famílias. Não avancei até ao radicalismo de afirmar — "crescimento a qualquer preço" — para não tornar a validade do argumento subsidiária do ar-

---

[96] Não havendo nenhuma cláusula, em Hobbes, que limite o apetite acumulador humano, a premissa maximizadora implica que, em qualquer instante de seu trajeto, o ser humano estará em busca de maior aquisição, tal como no tempo inicial de sua partida, independentemente da capacidade aquisitiva já obtida. É essa premissa que considero falsificável por uma inclinação acumulativa exaurível.

[97] Todavia, a possibilidade de que o padrão de acumulação histórica do capital, no Brasil, tenha gerado a constituição de um submercado interno capaz de sustentar o dinamismo de ulterior acumulação de capital — dispensando, por motivos estritamente econômicos, mecanismos de redistribuição de renda — é uma hipótese a exigir cuidadosa investigação. Redistribuir renda, aqui, pode ter deixado de ser um imperativo econômico, como o foi nos primeiros países industrializados, e se transformado em puro problema político.

gumento de que, mesmo ao preço de ciclos de "abundância irracional" e catástrofes inflacionárias, o saldo histórico de longo prazo justificaria ousadias heterodoxas. Limito-me à versão conservadora de que, à estratégia exclusiva de minimizar as diferenças máximas entre os estratos sociais (estratégia "minimax"), deve-se acrescentar à pauta de preferências, como indispensável opção à vista do governo, a estratégia de conduzir políticas cujos resultados impliquem a maximização do patamar mínimo de existência coletiva (estratégia "maximin"), *independentemente do que acontecer com o índice de Gini.*[98]

Eventual e localmente, políticas com ênfase redistributiva podem ser adotadas, assim como, ocasionalmente, políticas de crescimento podem vir a produzir efeitos de segunda ordem de caráter redistributivo. Indispensável, contudo, é não abdicar do critério de longo prazo e perseguir persistentemente o crescimento material da economia.

Uma política de crescimento econômico possui vulnerabilidades específicas, entre as quais as seguintes:

- erros por timidez, isto é, por submeter o crescimento a freios desnecessários, temendo ameaças inflacionárias e outras que de fato não existem;
- comprometimento do ritmo e sentido da expansão com a agenda de prioridade de grupos de interesses especiais.

A primeira vulnerabilidade costuma acometer governos excessivamente ortodoxos, que, por isso mesmo, parecem estar sempre na retaguarda dos acontecimentos, cativos de decisões reativas a situações de fato. A segunda vulnerabilidade, como é notório, é característica das democracias — e o que é mais importante: quanto mais democráticos, institucionalizados e economicamente poderosos, mais saliente é a porosidade dos governos. É ingênuo supor que algum reordenamento institucional do país, econômico ou político, o tornará imune às tentativas de captura das políticas públicas por parte da ordem privada.[99]

---

[98] O índice de Gini é insensível a diferentes perfis de distribuição de renda, para um mesmo valor do índice, tornando arriscada qualquer análise comparativa menos pormenorizada. Assim, sociedades em que o patamar inferior de consumo seja bastante superior ao de outras podem aparecer com o mesmo valor de desigualdade. Tratando-se do problema da capacidade de consumo material, o índice é pouco informativo.

[99] Cf. Santos, 2006.

Ao longo da história, todos os países têm experimentado períodos de elevada ou reduzida autonomia de governos em relação a interesses privados, sendo ocioso debater sobre o que teria ocorrido caso não houvesse ocorrido o que ocorreu. Mesmo na hipótese de que se elucidasse o mistério e se obtivesse consenso sobre que contrafactuais aceitar, pouco se ganharia em esclarecimento sobre o que fazer no futuro próximo. Há certas áreas de existência nas quais o conhecimento da história passada ou mesmo da história passada possível não serve para nada. Em outras, contudo, hipóteses realistas sobre o passado auxiliam na compreensão da dinâmica do presente. Seria o caso, acredito, das razões da exaustão de Hobbes.

Toma-se Hobbes como emblemático da concepção utilitarista segundo a qual os seres humanos preferem o prazer à dor, preferem mais prazer a menos prazer e, terceiro, afirma-se a presunção de que o consumo do prazer seria insaciável. Algumas fontes de prazer – especificamente glória, poder e riqueza — podem ser criadas ou renovadas, mas são, a cada momento, finitas ou, em qualquer caso, insuficientes para abastecer o insaciável consumo agregado dos que as buscam. De onde o conflito eterno entre candidatos a consumidores de prazer, e ainda mais prazer, e ainda mais prazer.

Vivendo em comunidade, os indivíduos inteiram-se do consumo uns dos outros e, tal como se passam os fatos, percebem desigualdade na distribuição na capacidade de consumo, e essa outra descoberta parece ser posterior, descolada dos esforços necessários para produzir continuamente os objetos de prazer. Glória, poder e riqueza são abstrações, mas não bom e satisfatório alimento, habitação, deferência e poder de comando.

Durante os séculos XVII a XIX, antes da Revolução Industrial, diferença consistia em comer todo dia, ou só muito raramente, carne, ovos, eventualmente aves. Consistia em habitar casas de paredes sólidas ou casebres; consistia em adquirir, portar e manejar uma espada ou apenas um porrete; um revólver; consistia em ter alguém a seu serviço. Ou seja, o que marcava a diferença poderia vir um dia a integrar a pauta de consumo efetivo dos despossuídos e, segundo, não era fantasioso imaginar que os bens desejados poderiam vir a ser produzidos em número suficiente para atender a todos (consumo diferido no tempo) ou, por fim, que se redistribuísse o eventual excesso de uns em favor de outros. A riqueza era composta por bens democratizáveis.[100]

---

[100] Os conceitos de bens democráticos e bens oligárquicos (não-democratizáveis, tal como uma obra de arte) estão bem desenvolvidos em suas conseqüências sociológicas em Hirsch, 1976.

Desta ou daquela maneira, contudo, a cada alargamento na pauta de consumo dos despossuídos correspondia o surgimento de novos objetos de prazer na dos já possuidores, de tal modo que a equalização das pautas transformou-se em ponto de fuga. Ademais, não obstante a elevação contínua dos padrões de consumo dos despossuídos, a eficácia produtiva das comunidades humanas multiplicava os objetos de prazer, o que, acoplado ao mecanismo de distribuição deles, tornava gradativamente maior a descontinuidade entre as pautas de consumo dos ricos e dos pobres. O ponto de fuga adquiriu maior velocidade.

Importante é salientar que, aparentemente e *grosso modo*, o por assim dizer "excesso" de uns encaixava-se à feição no espectro de carências de outros. É possível imaginar como isso ocorreria não só em relação a objetos primários — melhor e adequada alimentação, habitação etc. —, mas, em momentos posteriores, também no que diz respeito a bens conspícuos: o segundo automóvel de uma família poderia ser o primeiro de outra. Elas por elas, o "excesso" de uns constituía precisamente o que "faltava" a outros. Dada a insaciabilidade fundamental hobbesiana, haveria sempre "excesso" de uns a complementar o que, em outros, era carência.

Lentamente, começa-se a compreender as inimagináveis conseqüências da associação entre conhecimento e produção material, via tecnologia, propiciada pela Revolução Industrial. Sendo dispensável discorrer sobre esse ponto, registre-se que, entre tais conseqüências, duas são de transcendental importância. Em primeiro lugar, a multiplicação dos objetos de prazer adquiriu vertiginosa velocidade, de tal modo que o crescimento da produção extrapolou a curva do crescimento da possibilidade material de consumo, *ainda que exista renda disponível para a aquisição de novos bens.* É pouco provável que algum miliardário contemporâneo seja capaz de se apropriar de todos os objetos de desejo em exposição, no compasso da produtividade da revolução tecnetrônica. Quer dizer, a curva do desejo, para todo efeito prático, é saciável no que diz respeito ao consumo, embora possa ser infinitamente elástica em relação à acumulação de títulos de riqueza.

Em acréscimo, semelhante e diversificado "excesso" deixa de ser complementar às "carências" *a partir de um patamar de consumo material mínimo.* Há um limite para o consumo de televisores, geladeiras, batedeiras e, mesmo, computadores, telefones celulares e o mais que venha a ser produzido. Sempre haverá, por certo, estratificação de consumo, mas, a partir de um patamar teórico, o objetivo não consistirá mais em reduzir ou eliminar a diferença entre pautas complementares de consumidores porque deixam de existir biunivocamente. O que importa é o crescente poder absoluto de acesso ao consumo, não o diferencial. Até porque o diferencial varia juntamente com as variações nas pautas "excessivas". O ponto de fuga diluiu-se. A diferença é irrelevante. Hobbes, parece, exauriu-se. E Marx?

Por diversas vezes convocou-se missa pelo passamento de Karl Marx. Prefiro pensar em jubileu, na medida mesma em que o processo de constante revolução nas forças produtivas, pela via do conhecimento, torna dispensável a subversão institucional. O mais resistente obstáculo à expansão material da sociedade não reside mais nas relações de produção, mas nas muralhas da ignorância.

É possível que as relações de produção tenham desempenhado, ao seu tempo, o papel de fronteiras à expansão econômica, mesmo quando, territorial e politicamente, inexistissem tais fronteiras. Em universo econômico aberto, no qual o crescimento se dava por extensão mais do que por intensidade, as relações de produção funcionavam, no limite, como freio, exigindo a remoção físico-institucional dos obstáculos. Todavia, a partir da Revolução Industrial, as barreiras ao crescimento se desinstitucionalizaram e se converteram numa espécie de invisibilidade difusa. Com a revolução da microeletrônica e da nanotecnologia, finalmente, o crescimento se interioriza e se expande, em primeiro lugar, na cabeça dos cientistas e tecnólogos. Não se trata aqui, é claro, de uma utopia cientificista ingênua. Evidentemente, certos interesses institucionalizados terão a ganhar e outros a perder com a continuada proliferação de objetos de prazer e a rápida obsolescência de alguns. É possível, inclusive, que estratos retardatários da população operem substituições em sua pauta de consumo ultrapassando etapas. Quem desejará, em pouco, um tubo de televisão, quando as telas de plasma estiverem democraticamente disponíveis?

Interesses organizados implicam competição e conflito. Assim, as instituições que regulam o conflito sempre produzirão impacto no processo de produção material da sociedade, favorecendo ou dificultando-lhe o ritmo e interferindo na direção da história. Mas isso difere em substância dos limites impostos, no passado, pelas relações de produção. A subversão continua a ser necessária e inevitável, somente trocou de lugar. Marx foi, de certo modo, trasladado. A hipótese não está comprometida com qualquer concepção terminativa da história ou dos conflitos políticos agudos. O que, sim, parece plausível é o reconhecimento de que a partir da Revolução Industrial instalou-se uma dinâmica surpreendente na produção material da sociedade, alterando os centenários dados do problema. Produção, distribuição e consumo, contemporaneamente, obedecem a impulsos e contrapesos que pouco têm a ver com o passado. O mundo pode não ser admirável, mas é, inegavelmente, novo.

Trata-se de um mundo no qual a fonte da insaciedade humana, a partir de certo patamar, surge e se esgota inteiramente na subjetividade dos seres. Nada impede que a depressão, a ansiedade e a infelicidade sejam os principais habitantes do reino da liberdade, antes que a alegre disponibilidade produtiva de ser caçador um dia, pescador no outro e ainda cozinheiro no terceiro, conforme o cenário campestre de Lênin. A partir de conveniente patamar absoluto, o estado de espírito das pessoas desprende-se do mundo material e são outros os determinantes do bem-estar.

Sumariando, dispõe-se, simplificadamente, no diagrama abaixo as premissas do argumento aqui exposto:

HOBBES (MARX) EXAUSTO

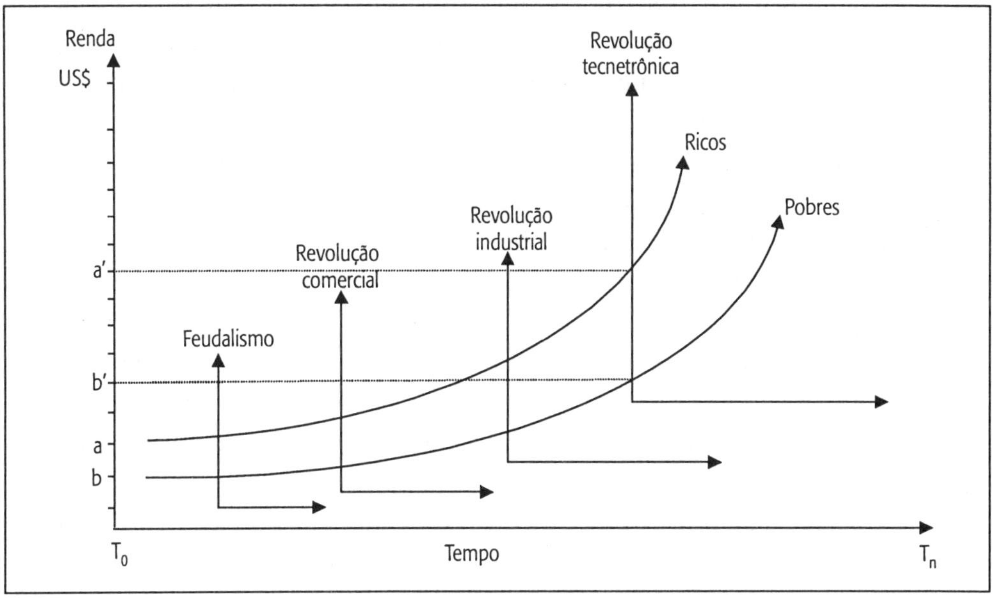

Ao longo do tempo histórico não há como negar que a posição de todos os segmentos constitutivos da sociedade progrediu materialmente, progresso aqui representado pelo eixo do registro em dólares. Não só estão os ricos em melhor posição no gráfico interno relativo à época da revolução tecnetrônica (batismo meramente nominalista) do que se encontravam no período feudal — e por isso $a' > a$ —, mas igualmente os pobres, cuja posição contemporânea *b'* é superior a *b*, onde se encontravam naquele período. Mas é do mesmo modo verdadeiro que

$a'/a > b'/b$, com a implicação de que, ao longo do tempo, a distância entre *a* e *b*, ou entre ricos e pobres, alargou-se. Se todos progrediram, alguns avançaram mais do que proporcionalmente a outros. Mas a ponderação do resultado final depende, é claro, do ponto de partida.

Embora a diferença entre as posições *a* e *b* $(a - b)$, no início do processo, seja menor do que a diferença entre elas ao final $(a' - b')$, donde, portanto, $a'/a > b'/b$, não obstante o fato de que a' e b' sejam superiores a *a* e *b*, não é a razão a'/b' no tempo T_n a que, inicialmente, mais importa. Para efeito de discussão distributiva, relevante é a desproporção original em T_0, onde a/b é maior do que 1. Dada essa desproporção, um objetivo de *eqüidade* radical (não igualdade) exigiria que $(a' - a)$ fosse estritamente igual a $(b' - b)$, isto é, que a desproporção original se mantivesse inalterada após todos os incrementos materiais do período $T_n - T_0$. O *redistributivismo* radical, por seu turno, insistiria em que $(b' - b)$, ou seja, em que a diferença entre as posições final e inicial dos pobres fosse de tal modo superior a $(a' - a)$, que é a diferença equivalente entre os ricos, que a desigualdade $(a - b \neq 0)$ no tempo T_0 se convertesse na igualdade $(a' - b' = 0)$ no tempo T_n. Entre o eqüitativismo e o redistributivismo, tomados como ponto de referência, dispõem-se as diversas propostas de justiça social.

Aqui, ao contrário, imagina-se que o cálculo subjetivo de conformidade à ordem obedece a outros critérios de relevância, ao longo do tempo multissecular, transitando melhor da comparação $(a - b)$ à desproporção $(a'/a > b'/b)$ e daí às novas desigualdades $(b' - b)$ e $(a' - a)$. Em princípio, ricos e pobres atentam para uma comparação entre a situação presente e a situação passada, enquanto a comparação das respectivas proporcionalidades *(a'/a)* e *(b'/b)* só adquire significado quando estas são contrastadas à comparação anterior, sendo irrelevante, para ambos, a eventual magnitude da diferença $(a' - b')$. Para efeito de avaliação subjetiva, em universo pós-hobbesiano, a ordem de relevância comparativa seria a seguinte:

$$(b' - b) > \left[\left(a'/b'\right) > \left(a/b\right)\right] \tag{1}$$

ou seja, a diferença bruta entre as posições inicial e final estabelece a métrica do bem-estar, diferença que, pós-hobbesianamente, costuma ser superior à desproporção contemporânea entre ricos e pobres a'/b', mesmo quando esta se acentua e ultrapassa a desproporção inicial a/b entre os dois grupos. Para dispor a ordem no sentido da história, vale, portanto, a hierarquia:

$$a/b < \left(a'/b'\right) < (b' - b) \tag{2}$$

Mais exigentemente, valeria, pós-hobbesianamente, a ordem:

$$\left(b'/_b\right) > \left(\frac{a'-a}{b'-b}\right) > \left(a/_b\right) \text{ ou, na ordem histórica: } \left(a/_b\right) < \left(\frac{a'-a}{b'-b}\right) < \left(b'/_b\right) \quad (3)$$

No T_n brasileiro, contudo, no momento atual, está sendo satisfatória a desigualdade relevante para os muito ricos $(a' - a)$, enquanto a classe média, incluída agora em b, experimenta relativo conforto e se move impulsionada pela ambição alimentada pela desigualdade $\left(a'/_a\right) > \left(b'/_b\right)$, enquanto, na outra ponta da estratificação, enorme massa de destituídos permanece cativa do cálculo de sobrevivência embutido na desigualdade $(a - b)$.[101]

O Brasil está longe, portanto, de esgotar Hobbes ou Marx. Segundo as últimas estatísticas, parece que mal começamos a nos afastar de Malthus. Por ser um país enorme, seus números são sempre extraordinários e, em conseqüência, visíveis e importantes. É impossível esconder a miséria ou o gigantesco fosso que separa ricos e pobres. Natural, portanto, que a ênfase de descrições se dirija para esses aspectos do país. Foi o que fiz no capítulo precedente. Contudo, é bom ter presente um dado de crucial importância: hoje, quem trabalha vive incomparavelmente melhor do que os que trabalhavam no início do século XX. Refiro-me aos empregados, aos assalariados da base mesma da estratificação social, sem prejuízo da miséria e da desigualdade contemporâneas. Mas foi um longo percurso de progresso até chegar à miséria atual.

Visto em perspectiva, o século XX foi excepcional para o Brasil, como nação, mas difícil, padrasto até, para os brasileiros. Comparado consigo mesmo, lá pelos novecentos, e com os demais países independentes à época, sabe-se que o salto do Brasil foi gigantesco, com desempenho econômico praticamente inigualável, embora não se saiba o que teria acontecido de positivo caso houvesse ocorrido uma reforma agrária, com expropriação dos grandes latifundiários e subseqüente divisão de terras, logo depois da Revolução de 30, como sugeria Virgínio Santa Rosa.

---

[101] A paráfrase que Adalberto Moreira Cardoso veio a fazer do diagrama e sua interpretação introduz uma arbitrária noção contratualista de "legitimidade", que nada tem a ver com o universo utilitarista, neocontratualista, em que faço a análise da consistência material e epistemológica do capitalismo. Ver Cardoso, 2004.

Não ultrapassa, igualmente, o terreno especulativo desenhar cenários nos quais o movimento operário não se tivesse deixado domesticar pelo corporativismo getulista, seguindo antes um caminho "americano". Embora pudesse ter sido diferente, a história foi assim como foi e, agora, lidamos com os ônus e os bônus desse trajeto. Existem constrangimentos reais e outros, de natureza mais epistemológica, condicionando as respostas à recorrente pergunta sobre o que fazer. Pelo exposto anteriormente não hesito em inclinar-me pela resposta de que, tendo em vista o longo prazo, cabe retomar o crescimento econômico a taxas elevadas, o que significa taxa de emprego e salários reais crescentes. Aliás, pouco sensível à generalização da tese de que "*small is beautiful*", não vejo alternativa ao crescimento econômico como via para o futuro.

O curto prazo, porém, chega primeiro e é no curto prazo que se encontram os desejos e as carências, os interesses em competição e o arsenal de conhecimentos, preconceitos, clichês e capacidade inovativa. Sendo o país extraordinariamente disperso, é pouco provável que as políticas nacionais produzam impactos equivalentes em cada uma das unidades da Federação e, dentro de cada uma delas, ao longo da estratificação social. Fortalecer a Federação, vetusta demanda dos analistas brasileiros, continua a ser um dos objetivos importantes na formulação de estratégias para o futuro do país.

Substantivamente, trata-se, também no curto prazo, de assegurar renda, emprego e salário ao maior número possível de brasileiros. Ninguém deve ser insensível aos gigantescos bolsões de miséria, nem é reconfortante saber que quase dois terços da população ocupada sobrevivem com renda média familiar *per capita* de dois salários mínimos, ou menos. Enfatizar a elevação do patamar mínimo de sobrevivência da população mais pobre é, a meu juízo, fundamental e prioritário.

Porque ainda nos encontramos, majoritariamente, no período histórico em que o "excesso" dos que possuem é razoavelmente complementar às carências dos despossuídos, não é impossível que a implementação da estratégia "maximin" venha a implicar a de "minimax", isto é, medidas redistributivas. Não é improvável também que a pressão por melhores condições de vida, por intermédio de ganhos salariais, traga embutida alguma ameaça inflacionária. Nada disso, todavia, é inelutável. Se a materialidade da vida dos miseráveis implicará redistribuição ou inflação dependerá, em última análise, da capacidade governativa instalada. Fácil é culpar a natureza pelo que nos ocorre, difícil é fazê-la operar a nosso favor. Voltando, pois, ao fundamental lapso de entendimento: por que, dada a história pregressa do país, em comparação com a de outros, as aparências sugerem um permanente estado de espírito da população submetido e conformado ao que se afigura como a própria natureza? Por que foram tão poucas as tentativas de fazê-la operar em benefício próprio? As relações entre matéria e espírito, no Brasil, exigem especial e minuciosa atenção. O sentimento de privação relativa contém, exatamente, a pinguela por onde se conectam a subjetividade individual e a objetividade do mundo.

8

A INSTABILIDADE TOCQUEVILLIANA E A PRIVAÇÃO RELATIVA

Intuitivamente, o conceito de privação relativa é de fácil compreensão: refere-se ao sentimento hospedado no hiato que se interpõe entre a condição de vida, tal como percebida pelo indivíduo, e aquela que ele considera deveria ter, por mérito ou compensação social.[102] Educados nos valores de desempenho e recompensa, motores, ambos, do impulso usualmente designado por ambição, não é difícil apreender o que se tende a incluir no termo hiato. E, todavia, convém refletir.

Aceita a premissa de que, por natureza, o ser humano é acumulador, segue-se que a posse presente, ao contrário de satisfatória, será, em qualquer nível, justamente a base a partir da qual se projeta a ambição do futuro. Em outras palavras, em qualquer momento do tempo, e seja qual for o nível de riqueza — material e simbólica —, cada indivíduo estará sempre atrasado em relação a si próprio, isto é, a seus desejos emergentes. Como já visto, foi Hobbes, para datar com autor, quem situou na sofreguidão insaciável do ser humano — por poder, riqueza e glória (*status*) — a fonte da dinâmica conflitiva da interação social. Certa privação relativa, para baixar imediatamente ao térreo, aparecerá como inescapável

[102] O conceito de "privação relativa", sugerido por Runciman (1972), será usado livremente aqui, tomando o universo de entrevistados da PPV como equivalente ao "grupo de referência" de Runciman.

predicamento da humanidade, dada a percebida pobreza material de sua existência, sempre aquém de suas aspirações em torvelinho.

Em diagrama:

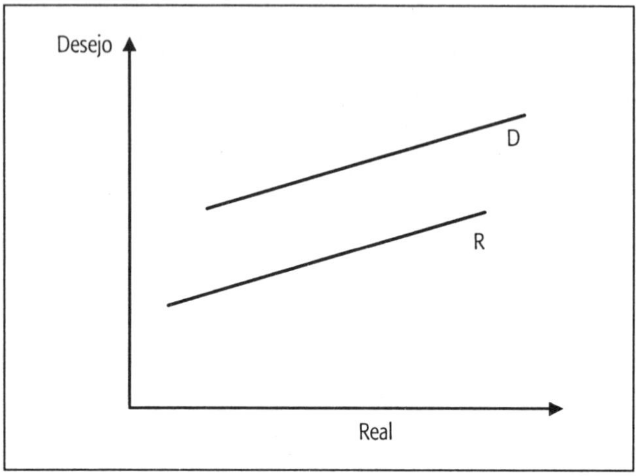

A razão pela qual a linha *D* começa depois da linha *R* é a de registrar, visualmente, o mecanismo suposto por Hobbes: não importa a posição em que se esteja, a ambição por mais encontrar-se-á sempre à frente. Trata-se da característica fundamental da inclinação acumulativa: as pessoas preferem mais (do que valorizam positivamente) a menos.

Adam Ferguson subscreve o juízo: a ambição humana por riqueza, poder e glória é insaciável e o que se alcança não é senão a justificativa para demanda maior. Diz o adágio popular que dinheiro chama dinheiro quando, em doutrina utilitarista, deveria assinalar que dinheiro exige ainda mais dinheiro. Ora, sabe-se que, em qualquer momento do tempo, a quantidade existente de riqueza, poder e glória é finita e inferior ao somatório das insatisfações manifestas. São, todos, bens escassíssimos e, no curto prazo, exauríveis. Tendo em vista, por óbvio, que nem todas as ambições podem ser atendidas completa e simultaneamente, por que, então, a sociedade não se espatifa?

É de reconhecimento trivial. Para que exista ambição é necessário que exista algo a ser ambicionado e que, em princípio, os naturais objetos da ambição sejam constantemente reproduzidos. Aqui, o fundamental e explosivo processo de divisão social do trabalho surge como fato e conceito de central relevância. Por questões que a história ainda esconde, a especialização no processo material de produção gera transcendentais conseqüências: espantoso aumento na capacidade humana de produzir bens, criando-se repetidamente, portanto, os pólos de atração do desejo, e a inédita dependência de cada indivíduo em relação à sociedade. Posto que, pela divisão social do trabalho, ninguém mais sobrevive só por si, mecanismos de cooperação produtiva e de integração social devem propiciar as condições nas quais a mesma dinâmica de geração de riqueza e de diferenciação social não sofra interrupção, levando os indivíduos à anomia e à predação.

Com efeito, já antes de Durkheim, argutos observadores que eram da centralidade da divisão social do trabalho, Adam Smith e Adam Ferguson perceberam que o que designavam de emergentes sociedades comerciais, nas quais a aquisição de riqueza se dá de preferência por intermédio de trocas no mercado, através de nexos monetários, implicava simultaneamente a extinção do vínculo de personalizada dependência feudal e a criação de complexo sistema de interdependências, humanamente frígido. Segundo ambos os Adam, a institucionalização desse sistema de interdependências resultava da natural operação do mercado, cujos efeitos positivos agregados e ao longo do tempo escapavam à percepção de cada um dos isolados agentes sociais. Se, na socialmente promíscua comunidade feudal, quando apreciada de um observatório sociológico, a origem do bem e do mal terrenos era perfeitamente identificável e batizada, o errático destino de cada indivíduo nas sociedades comerciais se explicava magicamente pela agência de um órgão oculto e de paradeiro ubíquo: a mão invisível.

Em eras pré-mercantis, a necessidade de conter ímpetos acumulativos imediatos era, e é, tão mais premente quanto mais verdadeiro era, e é, o diagnóstico de Alexis de Tocqueville, segundo o qual, em sociedades estagnadas, existem pouquíssimos, os poderosos, que sem dúvida dispõem de luxo ornamental, sendo a precariedade das condições materiais da vida compartilhada por poderosos e comuns. Ser poderoso, em sociedades estagnadas, significava acesso a consumo ocasional e ritualístico de bens conspícuos (serviço de ouro, tecidos ilustres), mantendo-se as condições cotidianas da existência aproximadamente semelhantes para os lordes e para as gentes. Estas, enquanto o fisco e o arbítrio tirânico não lhes surrupiavam porcos e galinhas criados e vegetais plantados.

Mas esse período histórico de frugalidade, que terá sido muito longo, se vê total e ao que parece definitivamente superado pelo deflagrar do processo de divisão social do trabalho e conseqüente criação cumulativa de riqueza. De riqueza e, percebe Tocqueville, de problemas. Com a produção regular e crescente de múltiplos itens de consumo surgem, ao mesmo tempo, as tramas invisíveis e não obstante responsáveis pelos desequilíbrios e assimetrias na distribuição desses bens. Assim se gesta o paradoxo de sociedades estagnadamente pobres, porém relativamente igualitárias, sucedidas por sociedades dinamicamente acumulativas, mas crescentemente desiguais.[103]

Se os objetos de desejo eram antes poucos, ornamentais e oligárquicos, agora são múltiplos, diversificados, replicáveis e de considerável impacto no padrão da vida cotidiana. A comparativa desigualdade de condições torna-se tão mais visível e ampla quanto mais se expande, via divisão social do trabalho, o universo dos bens de consumo não-ornamentais. Ambicionar o consumo é algo que, nas sociedades mercantis, mesmo tendo por origem a inclinação natural da humanidade para a acumulação, adquire ímpeto e estímulo na avaliação da própria vida, quando comparada às condições de vida de outros, isto é, de muitos outros. É por aí que o juvenil córrego da divisão social do trabalho vem a desaguar nos mares muitas vezes revoltos da privação relativa dos adultos.

Esclarecendo de imediato, o conceito de privação relativa não remete ao sentimento que seria melhor designado por inveja social. Para efeito de distinção, convencione-se que o sentimento de inveja carrega embutido o reconhecimento de que aquilo que é invejado é inalcançável pelo indivíduo que o ambiciona. Correta ou incorretamente, é o mesmo indivíduo que o aspira que se auto-reconhece incapaz de alcançá-lo por desempenho. Donde se segue que o sentimento de inveja, por mais difuso que exista em uma comunidade, é impotente para se transformar em fenômeno social significativo.[104]

Não é assim inofensiva a sensação de privação relativa. Trata-se aqui do resultado de uma percepção de carências, relativas a outros que não as sofrem, carências que não deveriam existir ou que podem desaparecer. Se a diferença incrustada na inveja é incompreensível e insuperável, as desigualdades implicadas na privação relativa devem, em princípio, ser objeto de entendimento, explicação e podem, também em princípio, desaparecer. Certa ou erradamente, os indivíduos identificam o lugar social *comparado* em que se acham e estabelecem o patamar ou estágio em que deveriam ou podem vir a estar, caso se descubram os meios, que existem e são virtualmente acessíveis, para alcançá-lo.

---

[103] A extraordinária argúcia de Alexis de Tocqueville pode ser aferida, neste ponto, em "Memoir sur le pauperisme" (1835), em Tocqueville, 1989, t. XVI.
[104] Cf. Fernandez de la Mora, 1987.

Supondo solucionado o problema de traduzir as diferenças relativas em valores sonantes, a questão converte-se em formular estratégias para a obtenção de renda monetária, cuja tradução material se manifesta nos indicadores do padrão de vida ambicionado. O segredo fundador dessa estratégia foi descoberto por Adam Ferguson, mais uma vez, e se encontra em radical mudança no horizonte de tempo. Enquanto em sociedades primitivas a taxa de desconto temporal é, por assim dizer, infinita, sendo zero o valor presente de um bem futuro, a demanda por consumo tende a ser imediata e a atividade econômica extensamente predatória. De onde se segue que tais sociedades são caracterizadas pela inexistência de poupança, nenhum investimento e nenhum aumento sistemático de riqueza, exceto por expropriação de terceiros. Nelas e, para alguns, como decisivo estimulante para o salto para fora da anarquia, é que se produz a distribuição natural dos direitos de propriedade e, em seqüência, a introdução do dinheiro e das transações mercantis.[105] Já em sociedades comerciais, ao contrário, prevalecem pautas de gratificação diferida, adiadas no tempo, o que assegura poupança, investimento, e, com tempo, mais riqueza e consumo. Mas essas pautas, para serem contempladas, demandam paciência e frugalidade no momento vivido.[106]

Voltando à forma gráfica, a mudança de horizonte temporal faria com que as curvas do real e do desejo praticamente se identificassem, como a seguir:

HORIZONTE DO DESEJO

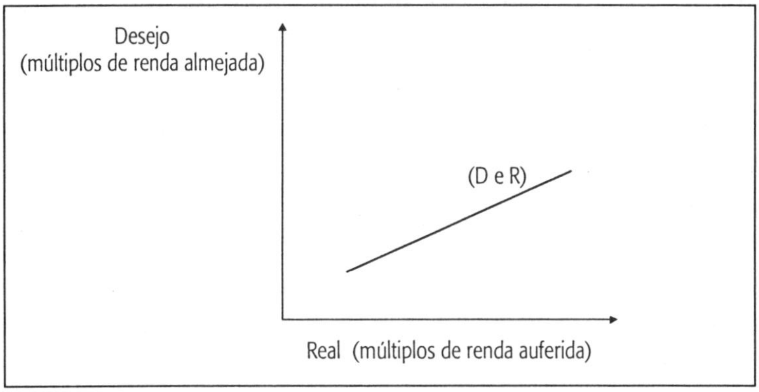

[105] Cf. Buchanan, 1977.

[106] Cf. Ferguson, 1995. O conceito de sociedade civil, recentemente recuperado, tem proporcionado discussões sobre seu significado real, sobre se contribui para a democracia ou se, ao contrário, serve de fonte para a desordem autoritária. Cf. Varty, 1997; Seligman, 1992; Kumar, 1993:375-395; Berman, 1997:401-429.

A garantia de que poupança e investimento venham a ocorrer decorre da existência, em sociedades comerciais, de instituições responsáveis pelo cumprimento de contratos. Adicionalmente, é necessário que exista extensa difusão de *confiança* nas instituições, isto é, quase que absoluta certeza de que elas irão operar conforme o esperado. Com isso, expressam-se duas condições de precária eficácia estabilizadora:

- a de que, não sendo o livre jogo de interesses entre parceiros comerciais confiável e automático produtor de ajustamentos e cumprimento de compromissos, é inevitável a transferência de parte mínima de autoridade a instituições responsáveis pela estabilidade das regras; e
- a de que, constituindo a "confiança" algo inscrito naquilo que Durkheim designaria como parte não-contratual do contrato, permanece obscura a forma pela qual se produz e distribui confiança institucional em qualquer coletividade. Pela mesma razão, ou ausência dela, ignora-se por que esse cimento invisível da sociedade é abalado em parte ou no todo, trazendo instabilidade nas relações entre os indivíduos e as instituições, e vice-versa, entre as instituições e os indivíduos, com grave risco de que, à confiança, substitua-se taxa adicional de compulsoriedade ou coação estatal.[107] Ou, na mensagem da hipótese sobre a erosão do capital social, a disseminação do cinismo cívico.

Em acréscimo às modificações no horizonte de tempo e na geração de confiança institucional, inventam-se mecanismos extrapolíticos com o objetivo de assegurar, por um lado, ordem nas postulações privadas perante as instituições e, por outro, permanente vigilância para que as instituições não fraudem a confiança social, reintroduzindo indesejável taxa de imprevisibilidade, por aí afetando a coletividade em seu horizonte paramétrico de tempo.[108]

---

[107] A parte não-contratual dos contratos, usando uma fórmula de E. Durkheim entre cujos ingredientes encontra-se a *confiança*, volta a ser objeto de investigação sistemática. Cf., por exemplo, Seligman, 1997. A literatura sobre capital social, que não será comentada aqui (ver cap. 1), preocupa-se justamente com essa premissa durkheimiana. Cf. Putnam, 2000; Pharr e Putnam, 2000; e Norris, 1999.

[108] O tema da "fraude", em particular o tema da violação de princípios democráticos por intermédio das próprias instituições democráticas, é prioritário na agenda dos teóricos contemporâneos, de John Rawls a Russel Hardin, passando pelas torturadas reflexões de J. Habermas.

O motivo para a criação de agências de controle radica-se outra vez na divisão social do trabalho. Ao atomizar a sociedade, produzindo elevada taxa potencial de anomia e alienação, ela simultaneamente cria interesses comuns entre aqueles que, por azares da diferenciação social, terminaram por se encontrar no mesmo escaler. Mesmo sabendo-se hoje que interesses comuns são obstáculos, mais do que estímulos, à ação coletiva, é inegável que, de algum modo, a desfavorável lógica da ação coletiva termina por ser domesticada, o que se manifesta na criação de organismos parapolíticos (associações) para a representação de interesses. Mas a participação, sabe-se, impõe custos. Considerando os custos, é antecipável que, quanto menor a renda, menor será a inclinação associativa e, por questões de benefícios, indivíduos com elevadíssima renda tendem a desprezar ações conjugadas. Teoricamente, portanto, uma sociedade fergusoniana bem comportada apresentaria a seguinte distribuição associativa:

DIVISÃO DO TRABALHO E ASSOCIATIVISMO

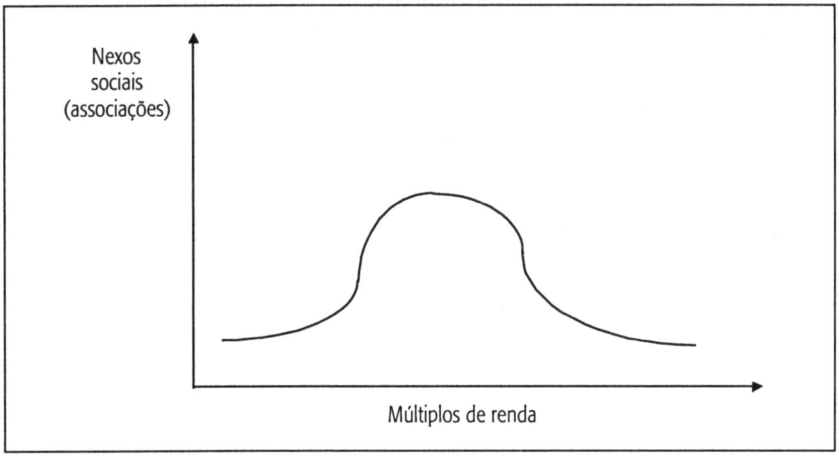

A hipótese subjacente ao cenário esboçado até aqui depende da plausibilidade da hipótese de que o ajustamento procedido no horizonte temporal, sugerido por Ferguson, se traduza na prática identificação entre ganhos reais e ganhos desejados, embutidos estes últimos na pauta de gratificação diferida. Neste caso, a privação relativa mediria o descompasso entre o que um indivíduo possui e o que deseja, de acordo com uma função monotônica dos acréscimos de ganhos reais, fração essa que exprime, por assim dizer, a constante "paciência" auto-estimada do mesmo indivíduo.

Alexis de Tocqueville, contudo, supôs diferentemente. Se, introduzida a acumulação total permanente por conta da divisão social do trabalho, os acréscimos de ganho se concentrarem no topo da pirâmide, enquanto a base permanece estagnada, não é de se esperar nenhum frêmito social e o horizonte de tempo da base permanecerá o mesmo, isto é, imediatista, contente com modesta pauta de consumo. Se, entretanto, os acréscimos de riqueza forem mais eqüitativamente distribuídos, aí, sim, paradoxalmente, haverá movimento no horizonte temporal dos desejos. Todavia, ao contrário da suposta monotonia da hipótese anterior, esse movimento tende a se descolar da curva de acréscimo real, adquirindo velocidade própria e maior. Ou seja, ao suceder longo período de estagnação, aqueles que ingressam no fluxo da aquisição material sucumbem a um processo de expectativas crescentes, que se desloca a ritmo superior ao do progresso real, anulando o diferimento no tempo da pauta de gratificações. Tal como ocorria nas sociedades pobretonas e bárbaras, os indivíduos querem já.[109] Graficamente:

HORIZONTE DO DESEJO

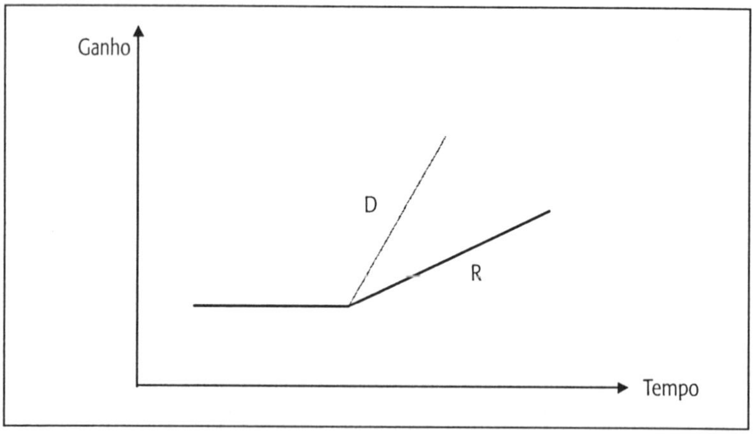

Quanto maior o ganho, após um período de estagnação, maiores as expectativas e, portanto, maior a taxa de privação relativa. Não se trata aqui, repita-se, de inveja, ambição por algo inalcançável, mas de cálculo sobre o que é possível obter, *no curto prazo futuro*, considerando o que já se obteve *no curto prazo passa-*

[109] Tocqueville utiliza-se dessa hipótese para entender a Revolução Francesa. Cf. Tocqueville, 1979.

do. Claro, ou se reduz o hiato da privação relativa à razoável magnitude de uma pauta de gratificação diferida ou o risco de convulsões sociais não seria, em tese, desprezível.

Ora, ajustar o hiato de privação relativa a uma pauta de gratificação diferida depende, basicamente, de três condições: a) a magnitude do hiato; b) a urgência revelada ou pressentida no sentido de reduzi-la; c) a disponibilidade de recursos e de estratégias eficazes para operar tal redução. No próximo capítulo se investigará o item *a*, iniciando-se por algumas indicações quanto à moldura mais geral do problema no Brasil.

9

O CONSERVADORISMO DO STATUS QUO

Se o processo de diferenciação social é tão relevante, faz-se conveniente adquirir alguma idéia do que ocorreu no país nos últimos 50 anos, da metade ao final do século XX. Não existe referência indisputada sobre a melhor medida da divisão do trabalho ou de qual deveria ser sua variação, vistos o tamanho ou a complexidade da economia. Para efeitos da presente investigação adotei o critério de que, dado um número n de categorias ocupacionais, seria *menos* diferenciado aquele sistema no qual a população economicamente ativa (PEA) estivesse concentrada em menor número de ocupações — no limite, e tomando o numeral 1 como indicando toda a PEA, o menos diferenciado dos sistemas corresponderia, portanto, a $1/n = 1$. É evidente que o padrão ideal normativo seria, no máximo, $^{n}/_{n}$, onde o n do numerador indicaria que a PEA se distribuiria igualmente pelas n ocupações.[110] Arbitrário como qualquer outro, o critério permite, não obstante, avaliar a variação temporal do coeficiente de divisão social do trabalho, consideradas apenas as habituais oito macrocategorias dos censos brasileiros:

---

[110] Utilizei medida proposta por Jack Gibbs e Duddley Poston Jr. (1975). Cf. parte I deste livro. Na tabela 2.1 da parte I, utilizei 10 categorias, mas sem desagregá-las, por ausência de informação, por regiões. Aqui preferi a desagregação de oito categorias para enfatizar as diferenças regionais.

	1950	1960	1970	1980	1990
Brasil	4,1	4,6	5,0	5,4	5,6

Fonte: IBGE, censos demográficos.

Análise fina deveria buscar a distribuição da PEA em níveis bem mais desagregados, levando em consideração, ademais, o duplo movimento de criação e de desaparecimento de ocupações. Em qualquer caso, sabendo-se que o valor máximo do coeficiente, *nesta medida*, seria *oito*, é importante verificar que a complexidade socioeconômica do país aumentou bastante, sendo de notar, em especial, o avanço maior do Nordeste em comparação ao do Sudeste. Em 1950, o valor do índice correspondia a 51,2% do valor máximo, para o Brasil, e a 37,5% e 55% do mesmo valor máximo para, respectivamente, o Nordeste e o Sudeste, percentagens abaixo e acima da média nacional. Em 1990, o índice equivalia a 70% do total, para o Brasil, a 66,2% para o Nordeste e a 71,2% para o Sudeste, significando que o Nordeste aumentara em cerca de 77% o grau de divisão social de trabalho, cifra superior aos 29,5% de crescimento observado no Sudeste, bem abaixo da média do acréscimo de 36,6% do país. Embora verdade que a curva de aproximação ao valor máximo do índice (oito) seja assintótica, isto é, com velocidade de aproximação decrescente, é inegável que a divisão do trabalho intensificou-se relativamente bem mais no Nordeste do que no Sudeste nos últimos 50 anos do século passado.

O aprofundamento da especialização do trabalho provoca, em teoria, a multiplicação de grupos de interesse. Em números absolutos, a mencionada explosão associativa ocorrida no país entre 1970 e 1996 já é razoavelmente reconhecida. A pesquisa mensal de emprego, realizada em abril do último ano mencionado nas regiões metropolitanas de Recife, Salvador, Rio de Janeiro, Belo Horizonte, São Paulo e Porto Alegre, com suplemento sobre associativismo e divulgada pelo IBGE em 1997, permite observar o fenômeno da associação entre classes de renda e tendência ao gregarismo. A título de ilustração, veja-se a distribuição das pessoas ocupadas de 18 anos ou mais de idade, no total daquelas regiões, na condição de filiados a sindicatos, por classes de renda (múltiplos do mínimo):[111]

[111] As estatísticas apresentadas nesta parte referem-se à segunda metade da década de 1990 porque a PPV foi realizada precisamente nesse período. As respostas dos entrevistados estavam reagindo às condições da época, tal como percebidas, e não haveria sentido descrever os valores dessas condições no momento atual, isto é, o da redação do texto, em 2005.

Até 1	Mais de 1 a 2	Mais de 2 a 5	Mais de 5 a 10	Mais de 10
6,7	14,4	22,6	31,2	34,2

Fonte: IBGE, *Pesquisa mensal de emprego...* 1997.

São visíveis duas observações, com a devida cautela: a distribuição da tendência ao associativismo parece verificar a hipótese de Tocqueville quanto ao papel determinante da renda nesse processo, caso se admita como razoável a suposição de que a cauda superior da renda, associada a menor inclinação ao gregarismo, ficou escondida pelo nível de agregação no limiar superior da pesquisa (incluindo todos aqueles com renda acima de 10 salários mínimos). É plausível aceitar a moldura geral de que o país, e suas regiões, tem experimentado extenso processo de divisão social do trabalho e de que as taxas de mobilização organizacional se revelam razoavelmente caudatárias da variação da renda, conforme seria de esperar em um universo tocquevilliano. Se isso é verdade, então o moderno fenômeno da privação relativa deveria aparecer claramente nos resultados da pesquisa sobre padrão de vida. Não obstante, deparamos aqui com algumas surpresas.

Embora a hipótese da privação relativa em seu sentido mais intuitivo — hiato entre o real e o desejável — possa ser investigada em um simples ponto no tempo, ela se torna mais interessante quando acoplada à suposição *temporal* de Tocqueville. Com base nos resultados da PPV, usei o estratagema de considerar a distribuição ocupacional, considerando que a ela sempre está associada uma estratificação de renda e prestígio, como um simulacro de mobilidade social e, portanto, aliando uma variação no tempo a uma variação ocupacional. Analogamente, tomei a distribuição de renda, primeiro estritamente sob a forma monetário-salarial, como um deslocamento no tempo e, em seguida, sob a forma de renda total, por transformação dos valores dos bens. Ciente dos limites da amostra a duas regiões, estimo que os resultados aqui apresentados venham a ser aceitos com razoável grau de generalidade.

Para avaliar a variação de opiniões quanto às condições de vida dos entrevistados e, em especial, as expectativas de renda que acalentavam, estes foram distribuídos por cinco categorias ocupacionais e uma categoria residual, "outros". A classificação foi a seguinte: 1. Profissionais, administradores, empresários empregadores, empresários por conta própria; 2. Trabalhadores não-manuais de rotina; 3. Trabalhadores manuais qualificados; 4. Trabalhadores manuais não-qualificados; 5. Trabalhadores rurais; 6. Outros. Assim distribuídos ocupacionalmente, foram registradas as opiniões que emitiram sobre o que consideravam a menor renda familiar indispensável, e renda boa, suficiente ou insuficiente. Foram também criadas quatro classes de renda real bruta e líquida dos entrevistados, para os últimos sete dias e últimos 12 meses que antecederam a pesquisa, procedendo-se a posterior cruzamento com as opiniões emitidas sobre condições atuais devidas e expectativas futuras.[112] Os resultados são comentados a seguir.

Não seria difícil justificar uma estratificação entre as seis classes de ocupação com o objetivo de melhor investigar a hipótese tocquevilliana em sua virtualidade temporal. Os dois gráficos a seguir, todavia, revelam por que tal estratificação tornou-se dispensável. Explicação preliminar: considerando que a agregação das pessoas por ocupação não altera necessariamente os resultados, independentemente do valor da renda que se escolhe — bruta ou líquida —, nem existindo alterações *ordinais* significativas conforme o tipo de renda escolhida, optou-se por apresentar os gráficos dispondo a renda no eixo horizontal, posto que os limites inferior (vida ruim) e superior (vida boa) mudam substancialmente de patamar. Os gráficos espelham a média e a moda (mais freqüente) das opiniões conforme a renda.

Gráfico 9.1

AVALIAÇÃO DAS CONDIÇÕES DE VIDA — DISTRIBUIÇÃO MÉDIA

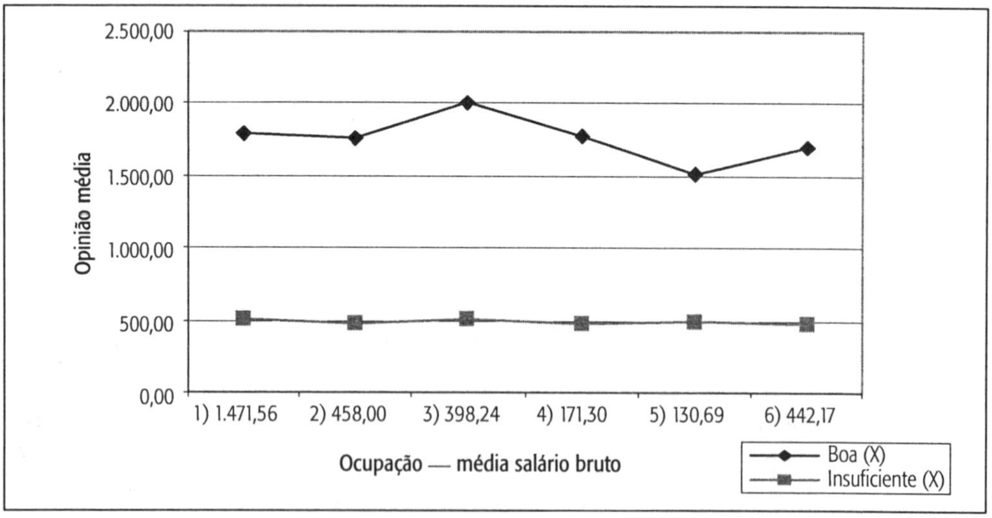

[112] Os resultados completos encontram-se disponíveis em banco de dados sob custódia do Laboratório de Computação do Iuperj. Aqui entram somente nos anexos 2 e 3 descritos a seguir. A classificação ocupacional adotada foi formulada por Maria Celi Scalon, que a usou em pesquisa própria, e gentilmente cedeu-me a escala.

Gráfico 9.2

AVALIAÇÃO DAS CONDIÇÕES DE VIDA — DISTRIBUIÇÃO MODAL

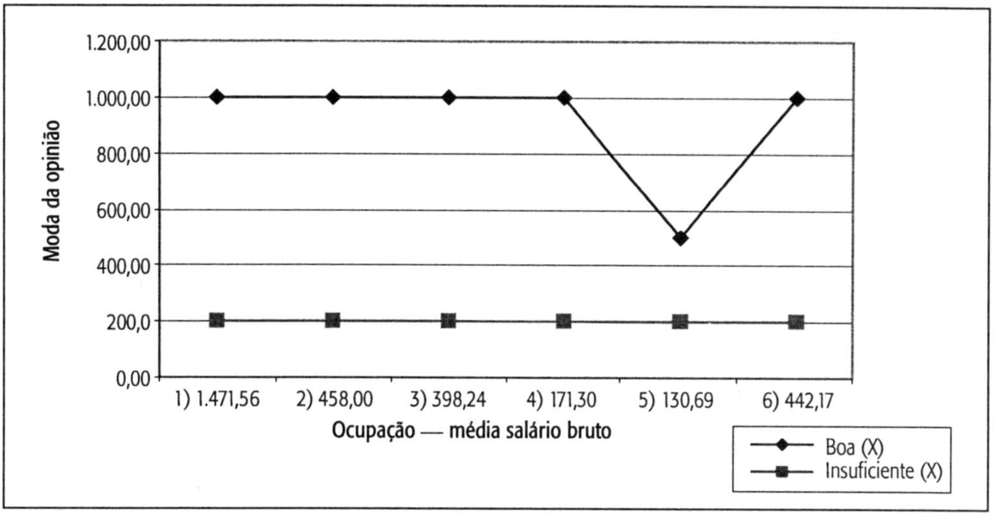

O resultado mais consistente é que, independentemente de ocupação ou média de salário, obteve-se que uma renda de R$ 500,00 constitui, universalmente, a linha média demarcatória da fronteira do que é considerado uma "vida ruim". Em relação ao limiar de uma "vida boa", observa-se estar ele instalado, para todas as categorias ocupacionais, e independentemente da classe salarial, entre R$ 1.500,00 e R$ 2.000,00. Repare-se que, não obstante os salários médios das ocupações oscilarem muito na amostra, essa variação não afeta o intervalo da variação da classe considerada de "vida boa". Na verdade, o maior salário médio bruto — o da ocupação 1 (profissionais e empresários em geral — R$ 1.471,56) — projeta um valor médio estimado para a "vida boa" igual ao projetado pelos que auferem o segundo menor salário (R$ 171,30) — o da ocupação 4 (trabalhadores não-qualificados). *Assim, o hiato correspondente à privação relativa para todas as ocupações, independentemente da renda salarial média, situa-se entre um mínimo de R$ 1.500,00 e um máximo de R$ 2.000,00.* Fique registrado que, em tal avaliação, só os profissionais liberais, administradores e empresários (ocupação 1) é que, "objetivamente", estariam vivendo confortavelmente.

Requer atenção o fato de que é surpreendente a perfeita convergência para o que os entrevistados identificaram como limiar de "vida ruim". Isso significa que a resistência ao sacrifício, digamos assim, não aumenta, nem se reduz, por mais que as diferentes ocupações proporcionem maior ou menor renda e prestigio. E mais, o limiar médio da "vida ruim" (R$ 500,00) é superior à renda média de todas as ocupações, exceto à da ocupação 1 (subdivisões do eixo horizontal dos gráficos). Assinale-se, igualmente, que o limiar da "vida boa" (R$ 2.000,00) não ultrapassa de quatro vezes o valor do limiar da "vida ruim". Em um caso, o dos trabalhadores rurais, o que tomam como "vida boa" está apenas a três passos da "vida ruim", embora a uma distância de cerca de 10 passos de sua "vida real bruta" (R$ 130,69).

Quando analisei a distribuição *modal* das opiniões (a mais freqüente), os resultados permaneceram análogos, apenas com mudança de patamar no que se referia ao limiar de "vida boa". Para a maioria das pessoas, em todas as ocupações, e estritamente independente do salário médio (à exceção dos trabalhadores rurais), o limiar da "vida ruim" situa-se na linha dos R$ 200,00, enquanto a fronteira da "vida boa" encontra-se a cinco passos disso, ou seja, em torno de R$ 1.000,00. Para a *maioria* das pessoas, independentemente de ocupação ou renda (à exceção dos trabalhadores rurais), a "vida boa" encontra-se *a dois passos* da *média* considerada "ruim". Outra vez, esquivar-se da zona "ruim" é praticamente o mesmo que lançar-se à conquista da "vida boa".[113]

Definitivamente, e não obstante extraordinária variação nos salários associados às ocupações, o hiato de privação relativa manifestado pela população é de magnitude inesperadamente reduzida. E se houver alguma suspeita de que esses resultados seriam significativamente alterados, caso a análise discriminasse as duas regiões aqui agregadas — Nordeste e Sudeste —, sugiro consulta ao anexo 3, onde se encontram os resultados ponderados.

É indiferente tomar a média da renda familiar *per capita* ou a média de renda do trabalho total como referenciais para a projeção das avaliações da tradução monetária de vida "ruim" e vida "boa", tanto para a média quanto para a moda da avaliação, pois não discrepam do que aparece quando se toma o *salário* por base. A exceção fica por conta da categoria "trabalhadores rurais" (ocupação 5), que apresenta curiosa anomalia na distribuição modal do conceito de vida "boa". Se não se trata de tropeço em acidente estatístico ou amostral, não me ocorre nenhuma hipótese razoável de explicação.

---

[113] Os gráficos relativos às médias de salário líquido não alteram as proporções, motivo que justifica a dispensa de apresentá-los aqui.

É possível que esses resultados não sejam representativos do país. Tenho razões, entretanto, para acreditar que o são. Em primeiro lugar, acredito que minuciosa investigação da divisão social do trabalho no Brasil, em níveis mais desagregados, revelaria importante salto de complexidade na malha social entre as décadas de 1970 e 90. A multiplicidade de conexões indicaria, como de costume, as razões pelas quais ainda são enormes os obstáculos à organização da ação coletiva. Os dados relativos à sindicalização, associada a renda, satisfatórios conforme a hipótese tocquevilliana, devem ser rebatidos contra o pano de fundo da diminuta taxa de mobilidade organizacional. Não obstante o crescimento ininterrupto e de grande magnitude da PEA, a qual, segundo penso, está distribuída de maneira cada vez mais complexa, o nível de associativismo permanecia, em 1996, praticamente estancado nos níveis de 1988, exceto em relação a organizações ligadas à saúde e ao meio ambiente.[114] Embora a rede organizacional dos países economicamente mais avançados não seja nada excepcional, o que reclama compreensão, no Brasil, é a inexistência de tendências gregárias que acompanha todo tipo de mobilidade.[115] Aparentemente, o país teria uma estrutura social muitíssimo estável, antiga, conservadora, com brevíssimos movimentos de ascensão social, tal como se verifica na história da França ou da Inglaterra. Mas essa aparência é ilusória, como se esclarece pela concepção do conservadorismo em política que apresento a seguir.

O conservadorismo é parte integrante da política, designando aquela inclinação de preferências por manter as instituições vigentes. A existência destas, a despeito da verdadeira natureza do processo que lhes deu origem, atesta a capacidade de resistir às ocasionais e inevitáveis turbulências que afetam a vida comunitária. Por isso, quanto mais remotos no tempo se encontrem os vestígios de sua então incipiente operação, com maior sucesso se entenderá que longevidade equivale a eficácia, de onde se segue o certificado de boa qualidade que ostentam.

Equacionar vigência e antigüidade a sucesso experimental é opção analítica compreensível, e não espanta que um dos indicadores operacionais do conceito de institucionalização, tão estratégico na análise de Samuel Huntington, por exemplo, remeta precisamente ao número de aniversários já comemorados pelas ins-

---

[114] Cf. Santos, 2001.

[115] O que não significa ausência de outros tipos de solidariedade. Cf., outra vez, Santos, 2001.

tituições. Aderia ele, por aí, à tradição burkiana, cuja sofisticada análise das variáveis que explicam a sobrevivência das instituições presentes antecipa de um século a intuição darwinista de que o que existe, existe como resultado de intensa competição entre candidatos à perenidade — concorrência entre firmas, estaria a dizer Adam Smith, entre organismos, diria Charles Darwin, seguramente entre rotinas, práticas e hábitos políticos, assevera Edmund Burke.

O apelo à natureza experimental das instituições políticas, cujo sucesso historicamente preservado recomenda cautela a qualquer propósito de reforma, argumentará o contemporâneo F. Hayek, empresta à atividade caracteristicamente conservadora largo poder de convencimento. A insistência dos conservadores na tese de que se não existissem as instituições vigentes o mundo social seria insuportável tem repercutido favoravelmente na química psicológica das multidões. Não obstante o caráter contrafactual da tese nuclear conservadora, o temor a mudanças prevaleceu mais freqüentemente do que a atração por elas, na maioria dos agentes relevantes ao longo dos dois últimos séculos.

E durante os últimos dois séculos foi aceitavelmente racional a norma de comportamento político derivada da atitude conservadora: se se trata de evitar as incertezas de reformas profundas, o melhor a fazer é não fazer nada, deixando que as instituições permaneçam funcionando como de costume. Fórmulas estereotipadas, como *laissez-faire* ou *hands off* refletiram e refletem, em importante medida, o oximoro programático conservador: o melhor governo é aquele que não governa.

Seria profundamente equivocado, contudo, associar o conservadorismo tradicional — isto é, o que se afirma de meados do século XVIII a meados do século XX — à apologia do Estado mínimo. Em contexto de incipiente ou nula mobilização social, de participação eleitoral restrita e de cultura cívica deferente, o que os conservadores propunham seria melhor descrito pelo conceito de Estado máximo. Entenda-se o argumento. A rigor, não fossem intermitentes intempéries e desarranjos, exógenos à sistemática operação do mundo, e por isso mesmo irredutíveis a encarceramentos racionais, e o estado natural da humanidade, conforme os conservadores, seria o de completa ausência de governo. Em universo livre de ocorrências extraordinárias, a garantia de continuada reprodução do *status quo* se encontra precisamente na ausência de perturbações governamentais. Considerando o caráter inesperado de eventos extraordinários é que o governo deveria agir e somente na medida necessária à reposição das condições de livre reprodução do *status quo*. Esse seria o Estado máximo, por oposição a mínimo, no qual, naturalmente, a reprodução do *status quo* dispensaria qualquer interveniência governamental. O Estado natural conservador é um Estado mínimo.

Por algum tempo, na verdade quase século e meio, o mito conservador ajustou-se confortavelmente às condições do jogo. Como de hábito, os sectários interpretaram o sucesso como evidência de que a versão conservadora de mundo correspondia à natureza mesma das coisas. Na realidade, a alternativa radical conservadora — "Estado mínimo" igual a Estado natural, o que, por seu turno, é igual a ausência de governo; e "Estado máximo" igual à reposição da auto-regulação do *status quo*, que é igual à intervenção estritamente compensatória do governo — produz resultados altamente satisfatórios e duráveis somente enquanto for, e foi, atendida a seguinte cláusula: *custos de transação no Estado mínimo (sem governo) igual a zero; negligíveis custos de manutenção do* status quo *no Estado máximo (Estado laissez-fairiano).*

Às vezes de forma lenta, outras a alta velocidade, as sociedades mudam e sua evolução é, mais do que imprevisível, incontrolável. Em decorrência do próprio sucesso conservador, ou a despeito dele, as sociedades progrediram materialmente, complicaram-se do ponto de vista da produção e sofisticaram-se do ponto de vista do consumo. O crescimento populacional, sinal rousseauniano de bons governos, extravasou para as cidades, os indivíduos tornaram-se compulsoriamente gregários e a magnitude das externalidades da convivência social — efeitos sobre terceiros derivados de relações diádicas — cresceu consideravelmente. Os custos de transação no Estado natural (sem governo) ou mesmo máximo (laissez-fairiano) tornaram-se insuportáveis para indivíduos e grupos. A vitimização de terceiros em decorrência de conflitos entre partes, ou seja, externalidades, atingiu patamares intoleráveis. Certamente, Azevedo Amaral exagerou ao diagnosticar que a extinção das externalidades dos conflitos particulares exigia a intervenção de um Estado autoritário para garantir a reprodução da sociedade. Se se limitasse à previsão do surgimento de extensos Estados regulatórios teria acertado completamente.[116]

Graças ao extraordinário progresso material do último século, vagarosamente acompanhado pelo alargamento da participação política, produziu-se uma sociedade na qual é impensável a indiferença governamental em face da miríade de interações privadas do atual Estado da natureza. O próprio raio das conexões

---

[116] O argumento com base em externalidades encontra-se em Amond, 1937.

sociais estendeu-se a perder de vista em função da crescente divisão social do trabalho. Comunicações, negócios, reparações e acordos, no Estado natural contemporâneo, mesmo entre agentes estritamente privados, seriam impossíveis na ausência do governo que reduz ao limite do aceitável os custos normais de transação.

Quando se examina a enorme complexidade implícita na existência aparentemente plácida do *status quo*, observa-se que os custos de assegurar as condições para que ele se auto-regule, *sem deterioração*, são elevadíssimos. Quer dizer, se os custos do Estado mínimo conservador tradicional — simplificar os custos privados de transação — já são gigantescos, os recursos necessários para atingir o modesto objetivo de travar a deterioração do *status quo*, que comprometeria sua capacidade auto-regulatória, surpreenderiam qualquer conservador, mesmo na metade do século XX.

Bem analisado, o comportamento dos governos contemporâneos é, em larga medida, explicado pelo imperativo de sobrevivência tal e qual do *status quo*. Somente essa compulsão já envolve enorme esforço e ação governamentais, pouco restando para iniciativas idílicas e distributivistas. O que o conservador contemporâneo parece não haver compreendido integralmente é que o Estado mínimo contemporâneo — redutor de custos de transação — já é gigantesco quando comparado a seu análogo do início do século XX. Ademais, a extensa participação governamental nos assuntos privados não significa nem de longe que se a deve a benevolentes objetivos de promoção de grupos vulneráveis e destituídos. Muito ao contrário. A extensa penetração estatal, hoje, visa prioritariamente a garantir a mera reposição das condições nas quais a acumulação privada é possível. A razão do Estado contemporâneo encontra-se no elevadíssimo custo de manutenção do *status quo*. É impossível ser mais conservador do que isso.

10

A INÉRCIA SOCIAL

Países em desenvolvimento e com maiúsculos desequilíbrios sociais enfrentam em grau superlativo o problema de manutenção do *status quo*. Precisamente porque são países em sua maioria deficitários em proporcionalidades sociais, o mero custo de evitar a deterioração do *status quo* é relativamente bem mais elevado do que nos países ricos. Exemplos triviais seriam a reiteração anual de investimento em saúde básica (vacinas), dado o aumento populacional, e, por essa razão, a extensão do saneamento e da eletrificação apenas para reproduzir a mesma taxa de consumo *per capita*. Por isso mesmo, a redução dos custos de manutenção do *status quo*, no médio prazo, exige, imediatamente, uma redistribuição dos encargos sociais em favor da produção e o redirecionamento da aplicação dos recursos públicos, subvencionando, para além do rotineiro, o consumo de saúde, educação, saneamento, segurança e justiça. Se o conservadorismo contemporâneo for capaz de identificar seus interesses de longo prazo, há de perceber que o curto prazo exige inteligente redução dos custos de manutenção do *status quo* — o que obriga a alterá-lo a fim de retificar desequilíbrios econômico-sociais, origem desses custos.

Registre-se que o relativo imobilismo da sociedade é fenômeno freqüente em comunidades de porte razoável, posto que a massa social é dotada de inércia, resistente a mudanças bruscas. Com efeito, não obstante as mudanças que cada um é capaz de observar em torno de seu cotidiano e que constituem, para o indivíduo, alterações de significativa monta, essas que são sentidas como grandes mudanças costumam transformar-se em variações meramente incrementais, às margens dos grandes agregados. Tragédias singulares desaparecem sem deixar literalmente traço na gigantesca contabilidade social dos países.

A inércia não existe somente como alegoria em discursos acadêmicos ou revolucionários. Muito ao contrário, existe e age como poderoso vetor de estabilidade na rotina das interações sociais e como excepcional tradutor de políticas setoriais intencionalmente reformadoras na flexibilidade adaptativa da totalidade social. A decisão de não ter filhos possui uma dimensão transcendente na vida de um casal, condicionando presente e futuro, os quais certamente seriam bastante diversos fosse outra a decisão. Milhares, centenas de milhares de decisões semelhantes afetam diferentemente os parceiros que as tomam sem que, por isso, se alterem muito, quer a taxa de fecundidade, quer a taxa de crescimento demográfico de um país. Os fatos individuais existem, as conseqüências são reais, por vezes dramáticas, mas a sociedade, esta continua a mesma. Perder o emprego ou, o oposto, ser promovido em posição e renda produzem revoluções na trajetória de um destino individual, mas sozinhos nada representam nas estatísticas nacionais. Do mesmo modo, aumentar a rede de esgotos, de coleta de lixo ou de abastecimento de água significa, antes de tudo, manter as coisas relativamente como estão. Para que modificações substanciais se reflitam em números agregados é necessário investimento de considerável vulto. Antes de provocar mudanças para melhor, estão os governos obrigados a esforços maiúsculos para evitar que se deteriorem. Em outras palavras, antes de ser reformador é necessário a qualquer governo que seja um bom governo conservador. Não é fácil. Com freqüência os governos destacam-se por inovações em áreas específicas, ao preço do completo abandono da sociedade, que, ao sabor do *laissez-faire*, não continua como era antes, piora.

A inércia social esconde-se sob várias formas e algum esforço é exigido para torná-la patente. Os gráficos descrevendo taxas de atividade econômica por sexo, de escolarização por região e de rendimento médio por pessoas ocupadas mostram a incompleta fenomenologia da inércia social.

Gráfico 10.1
TAXA DE ATIVIDADE, POR SEXO — BRASIL, 1992-2003

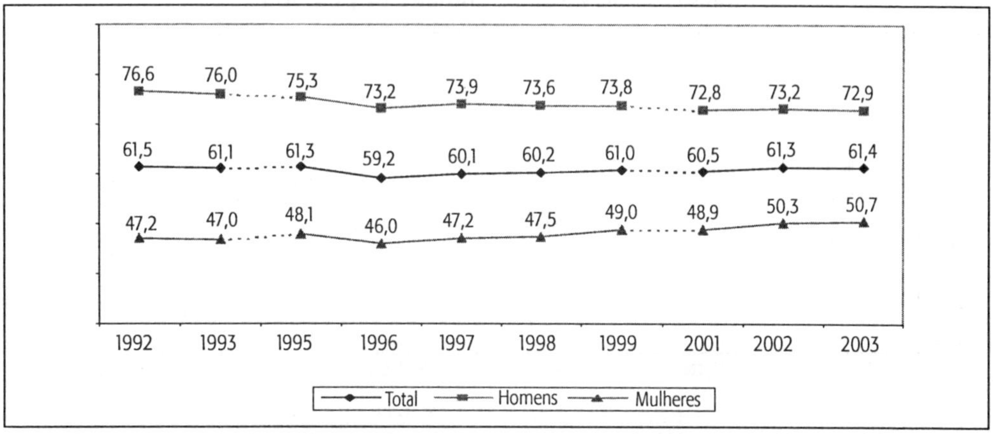

Fontes: IBGE/Diretoria de Pesquisas, Pnad 1993-2003, extraído de IBGE, *Síntese de indicadores sociais.* 2004, gráfico 3.1; para 1992: Pnad 1992-1999: microdados; RJ: IBGE, 1997-2000.7 CD-ROM.
Nota: Não houve pesquisa em 1994 e 2000.

O gráfico de atividade econômica, por sexo, revela mais do que a mera conservação agregada da distribuição da força de trabalho masculina e feminina no Brasil ao longo do período. O mesmo resultado agregado poderia ser obtido caso os movimentos das curvas masculina e feminina fossem inclinados em sentido contrário um ao outro. Tal como se passaram as coisas, contudo, nada mudou no agregado nacional, porque, relativamente, nada de fato mudou em seus subagregados constituintes. Veja, a seguir, o fenômeno da escolarização.

A história contada pela taxa de escolarização descreve outra forma, sutil, de inércia agregada. Todas as cinco regiões do país mudaram para melhor entre 1992 e 1999, o que se reflete em óbvia mudança no grande agregado Brasil, cuja taxa passa de 36,1% para 51,9% da população registrada. Todavia, nos contrastes inter-regionais, observa-se que a taxa de mudança foi praticamente uniforme, daí resultando clara conservação das distâncias relativas entre as regiões. Trata-se de inércia de outro tipo e não se pode afirmar que, absolutamente, as coisas permaneceram como eram antes. Relativamente, sim, permaneceram estáveis, e o conceito de inércia social trata de mudanças relativas, não absolutas. O gráfico 10.3 traz outra aparição da inércia.

Gráfico 10.2

TAXA DE ESCOLARIZAÇÃO DAS PESSOAS DE 15 A 17 ANOS DE IDADE, SEGUNDO AS GRANDES REGIÕES — BRASIL, 1997-2003

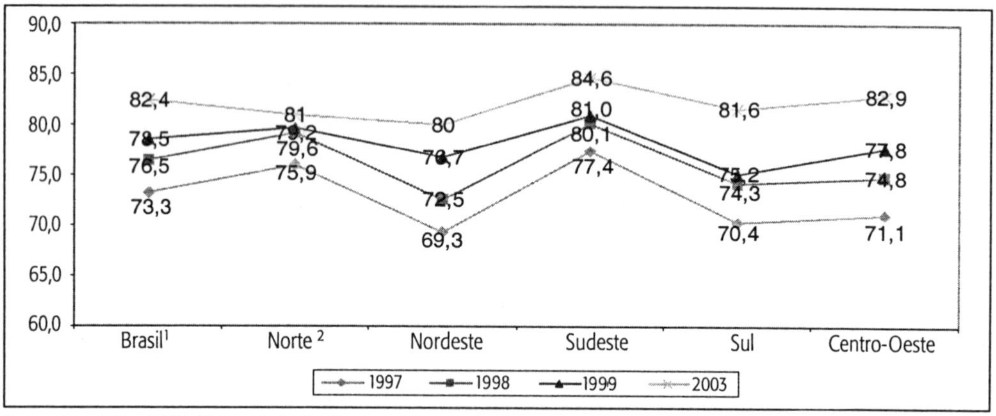

Fontes: Para 1997: IBGE. *Síntese de indicadores sociais 1998* (1999:66-67); para 1998: IBGE. *Síntese de indicadores sociais 1999* (2000:68-69); para 1999: IBGE. *Síntese de indicadores sociais 2000* (2001); para 2003: IBGE/Diretoria de Pesquisas, Pnad 2001-2003, extraído de IBGE. *Síntese de indicadores sociais* (2004, gráfico 2.5).

[1] Exclusive pessoas da zona rural de Rondônia, Acre, Amazonas, Roraima, Pará e Amapá.

[2] Exclusive pessoas da zona rural.

Obs.: Os dados de 1997 a 1999 foram extraídos de estatísticas do século XX, disponíveis em: <www. ibge.gov.br>.

Gráfico 10.3

RENDIMENTO MÉDIO EM REAIS DAS PESSOAS OCUPADAS BRASIL, NORDESTE E SUDESTE, 1992-99

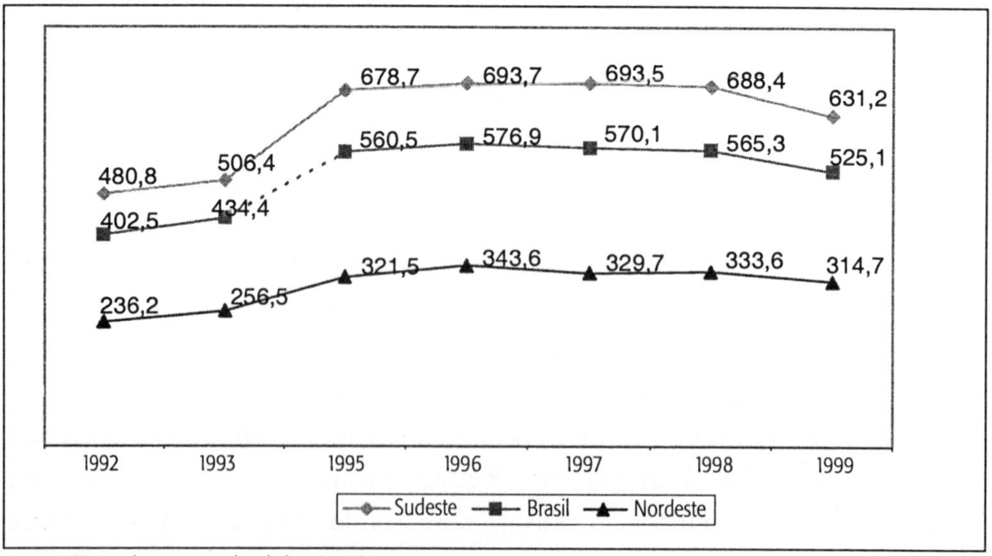

Fonte: IBGE, Pnads 1992-99: microdados. CD-ROM.

Nota: Não houve pesquisa em 1994 e os valores estão inflacionados pelo INPC, com base em setembro de 1999.

O gráfico de rendimento de pessoas nas regiões Nordeste, Sudeste e Brasil revela oscilações no movimento absoluto — crescimento rápido, reduzido e, depois, decréscimo (não muito mais acentuado no Sudeste), ficando clara mais uma vez a conservação das distâncias relativas entre as pessoas das duas regiões, ironicamente solidárias na afluência e na retração.

Finalmente, mudando de rendimento para pessoas, observa-se o contingente de pessoas que, ao longo do tempo, habitavam três diferentes classes de renda.

Gráfico 10.4

NÚMERO MÉDIO DE PESSOAS SEGUNDO RENDA FAMILIAR *PER CAPITA*, POR CLASSE DE RENDA (EM MILHARES)

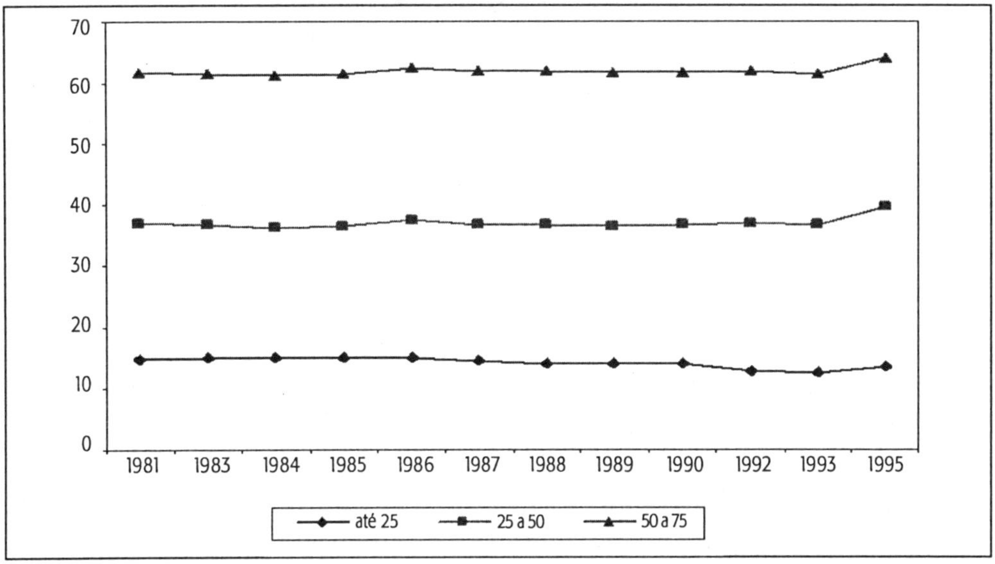

Fontes: IBGE, Pnads e PPV (1996/97).

O gráfico sobre número de pessoas segundo renda familiar *per capita*, outro disfarce da inércia, é parente sangüíneo do gráfico sobre taxa de atividade, desvendando a absoluta e relativa estabilidade do perfil distributivo das carências conforme qualquer critério escolhido. Quando a *Síntese de indicadores sociais — 2000*, do IBGE, reporta um retrato distributivo praticamente inalterado nos últimos 10 anos, é, na verdade, a magnitude da inércia que está sendo relatada. As políticas do governo não trouxeram o desafogo que insinuam, mas também, ao contrário do que sustentam os radicais, poderia ser pior, sim, pois o mundo social poderia ter-se deteriorado, não fora a política conservadora (aliás, bem-sucedida) de manutenção do *status quo*. A seguir, para contraste, um gráfico que permite uma visão de algo que varia superlativamente — o número de pessoas distribuídas por diferentes classes de salário.

Gráfico 10.5
PEA POR CLASSE DE SALÁRIOS
(%)

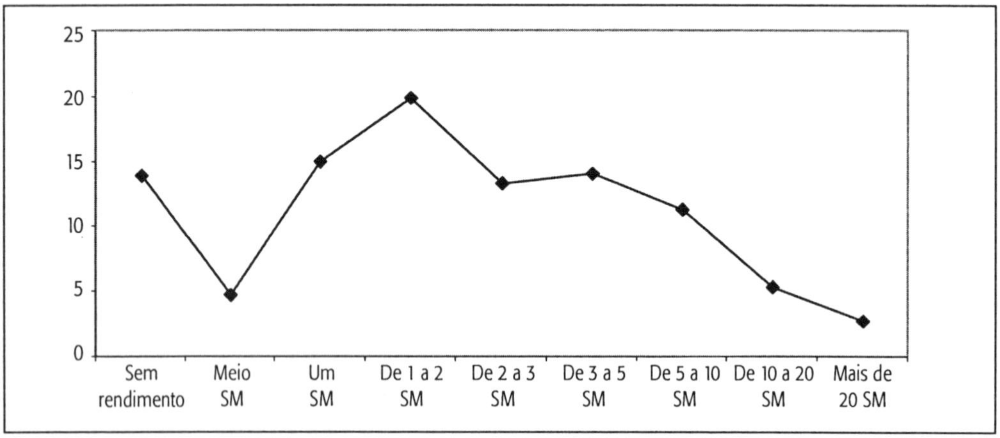

Fonte: IBGE, Pnad 1996.

A variação é, evidentemente, enorme e não seria despropositado esperar elevada freqüência de manifestações reivindicatórias. No entanto, os indicadores de mobilização social, como se apontou, são de reduzido valor. É que a ação coletiva, para ser efetiva e notada, necessita vencer o obstáculo da inércia natural das sociedades, as quais, quanto mais complexas, maior efeito multiplicador produzem nos custos de organizar ações coletivas.

Observem-se os números relativos da distribuição de pessoas por classe de renda familiar *per capita* ao longo do tempo, antes apresentada sob forma gráfica (gráfico 10.4):

A relativa constância dos números indica que, no agregado, o amanhã social será aproximadamente como o hoje e que são necessárias mudanças de grande porte para que se note alteração no perfil do mundo. Antes de revelar como, por trás destes números, aparece com mais nitidez a inércia social, note-se a aparição da mesma característica em fenômeno supostamente tão sujeito a alterações voluntaristas — isto é, mediante políticas — como a inflação. Nos últimos 50 anos, a variação anual da taxa inflacionária foi como o disposto no gráfico 10.6, em que aparece sob a forma da variação em pontos percentuais, ou seja, a variação da variação (aceleração ou desaceleração), que seria, no caso, o indicador da inércia ou da instabilidade na flutuação do valor da moeda.

Tabela 10.1
PESSOAS SEGUNDO RENDA FAMILIAR *PER CAPITA*, POR CLASSE, COMO PROPORÇÃO DO TOTAL DE PESSOAS COM RENDA FAMILIAR, 1981-95
(%)

Anos	Até R$ 25	+ de R$ 25 até R$ 50	+ de R$ 50 até R$ 75	+ de R$ 75
1981	14,7	20,8	14,9	49,7
1983	20,1	22,9	15,1	41,9
1984	18,3	23,5	15,9	42,4
1985	15,5	20,8	15,4	48,2
1986	8,4	15,7	13,4	62,5
1987	14,9	18,8	14,1	52,2
1988	16,5	19,3	14,2	50,0
1989	14,4	17,7	14,2	53,8
1990	16,9	19,4	13,5	50,2
1992	16,7	18,2	14,6	50,2
1993	15,8	18,3	15,5	50,5
1995	12,0	16,3	11,9	59,9

Fonte: IBGE, Pnads.

Gráfico 10.6
VARIAÇÃO DA TAXA DE INFLAÇÃO ANUAL, 1946-97
(EM PONTOS PERCENTUAIS)

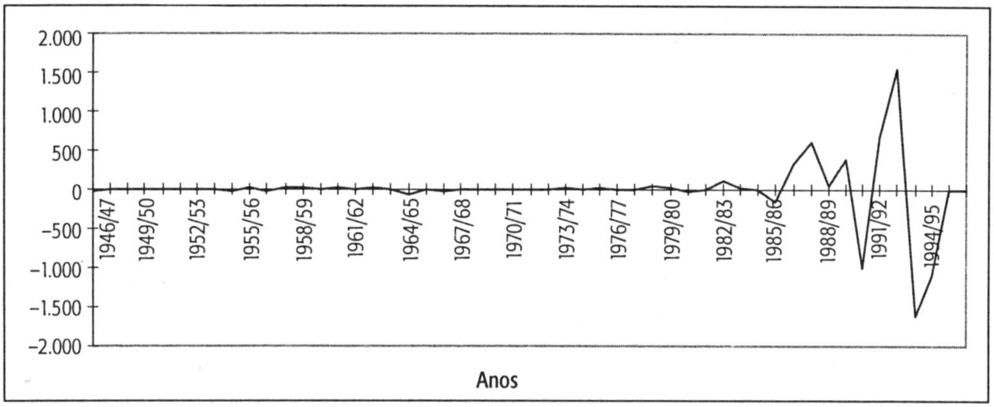

Elaboração: Leex.
Fontes: Santos, Monteiro e Caillaux, 1990; de 1990 a 1994: FGV/IBRE. *Conjuntura Econômica*, v. 50, n. 7, jul. 1997; de 1996 e 1997: *Boletim Conjuntural*, jan. 1998, e FGV/IBRE. *Conjuntura Econômica*, v. 52, n. 1, jan. 1998.

Como se observa, é somente em momentos críticos bem caracterizados que a trajetória do fenômeno exibe modificações em escalas média e alta, permanecendo praticamente inerte (sem variação na aceleração) por cerca de 30 anos. No cotidiano, a realidade sempre pareceu, e era, cambiante, com impactos relevantes na vida dos indivíduos, mas que se dissolviam na gigantesca massa social.

É claro que tal característica não pertence necessariamente a todos os fenômenos, nem se quer sugerir que não possa ser alterada. A seguir encontra-se, por exemplo, o gráfico correspondente à variação anual do produto interno bruto, em pontos percentuais, aproximadamente para o mesmo intervalo de tempo. Nota-se que, neste caso, a eventual sensação de mudança que os indivíduos poderiam experimentar representava com fidelidade a instabilidade dos fatos.

Gráfico 10.7

VARIAÇÃO DA TAXA DE CRESCIMENTO ANUAL DO PIB, 1951-97

(EM PONTOS PERCENTUAIS)

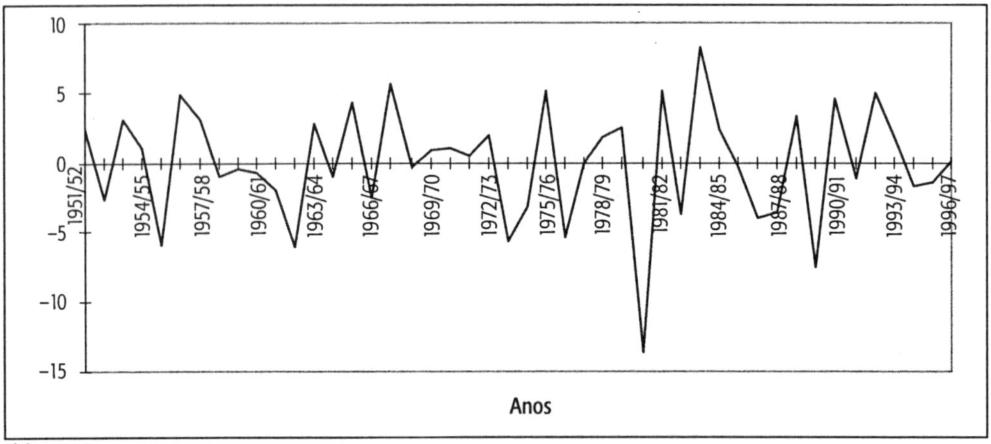

Elaboração: Leex.

Fonte: FGV/IBRE. *Conjuntura Econômica*, v. 51, n. 8, ago. 1997.

Do exposto, deduz-se que o mundo social não é constantemente inerme, mas com freqüência o é. Atente-se para a inércia característica da distribuição de pessoas por classe de renda familiar *per capita*, refletida na tabela e no gráfico a seguir, dispondo a *média* e, para examinar a possibilidade de divergências individuais em relação à média, também o *desvio-padrão* dos dados expostos na tabela 10.1.

Tabela 10.2

MÉDIA ($\bar{x}$) E DESVIO-PADRÃO (s) DE PESSOAS SEGUNDO A RENDA FAMILIAR *PER CAPITA*, 1981-95

	Classe até R$ 25		Classe + de R$ 25 a R$ 50		Classe + de R$ 50 a R$ 75	
Anos	$\bar{x}$	s	$\bar{x}$	s	$\bar{x}$	s
1981	14,820	7,090	36,900	7,177	61,677	6,939
1983	15,008	6,960	36,668	7,197	61,282	7,176
1984	15,122	6,812	36,285	7,199	61,094	7,440
1985	15,050	6,886	36,409	7,140	61,291	7,193
1986	15,021	7,700	37,553	7,196	62,294	6,853
1987	14,556	7,142	36,825	7,092	61,852	7,344
1988	14,132	7,137	36,636	7,140	61,745	7,328
1989	14,053	7,298	36,553	7,174	61,518	7,344
1990	13,934	7,175	36,609	7,207	61,530	7,083
1992	12,707	7,823	36,853	6,986	61,797	6,942
1993	12,612	7,785	36,637	7,118	61,388	7,467
1995	13,487	8,921	39,578	7,758	64,194	7,146

Fonte: IBGE, Pnads.

Gráfico 10.8

NÚMERO DE PESSOAS SEGUNDO RENDA FAMILIAR *PER CAPITA*, POR CLASSE DE RENDA (EM MILHARES)

(DESVIO-PADRÃO)

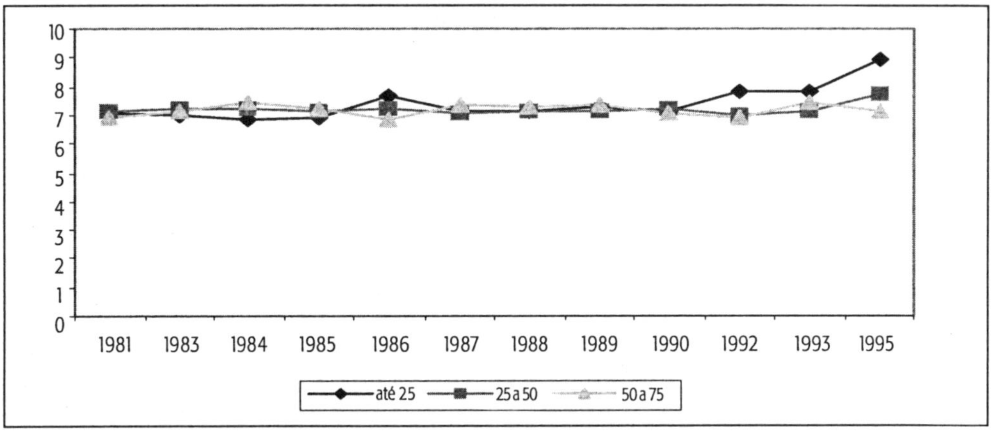

Pelos números e pela figura verifica-se claramente o grau de inércia social embutida na distribuição de pessoas conforme classes de renda. Os indivíduos nascem, crescem, envelhecem, morrem e a sociedade sequer toma conhecimento. É contra o pano de fundo dessa inércia que se há de entender as dificuldades para que, em primeiro lugar, se conquiste uma noção mais realista das efetivas distâncias sociais e, com base em tal percepção, ajuizar o quanto tais distâncias significam em linguagem de renda.[117]

Considerando, ademais, a concentração de renda e de pessoas, respectivamente, nos extremos superior e inferior, faz sentido que a magnitude da privação relativa seja tão reduzida. Pode haver inveja, paralisante, mas nenhum miserável imagina que consiga chegar sequer próximo do topo. E o horizonte do possível, que contém o progresso e a mobilidade, é que promoveu a privação relativa. Com base nesses resultados, há uma qualificação a fazer na hipótese de Tocqueville. Segundo a hipótese, bastaria um início de mudança no sentido da acumulação, numa população economicamente estagnada por longo período, para que fosse deflagrado o processo de expectativas crescentes e de alargamento do hiato de privação relativa. Talvez não. Talvez a mudança precise ultrapassar certo limiar de sensibilidade social para que o hiato de privação seja percebido. Aquém dessa divisória, o horizonte do desejo é ainda muito medíocre para que uma precária mudança marginal seja interpretada como estímulo a demandas ulteriores.

É bastante provável que não só a pobreza e o movimento para fora dela, mas também o *nível* dessa pobreza sejam responsáveis pela demarcação desse limiar de sensibilidade social, aquém do qual qualquer mudança relativa é insuficiente para modificar tipo, quantidade e intensidade de expectativas, que, em última análise, emprestam dinamismo à privação relativa. Aquém desse limiar, possivelmente o temor de recaída ou simplesmente piora é bem maior do que o que se espera obter arriscando organização e demandas. Neste caso, para que sonhar?

Assim seria o Brasil. Está sob análise uma população majoritariamente pobre, sem disponibilidade para cobrir os custos de organizar ações coletivas *e para absorver os custos de eventuais fracassos*, pouco informada e em larga medida inocente de qualquer noção de direitos. Não espanta que a reserva de confiança institucional anteriormente mencionada encontre-se aqui muito aquém do desejável. Ninguém alimenta grandes expectativas quanto às instituições fundamen-

[117] Não há, por conseguinte, surpresa na revelação da *Síntese de indicadores sociais 2000*, do IBGE, de que o valor do índice de Gini, medida usual de desigualdade social, permaneceu praticamente constante durante os anos 1990. Pela série aqui disposta, essa inércia, isto é, a taxa relativamente uniforme de mudança, vem da década de 1980. Inclino-me a acreditar que tal patamar de inércia se tenha estabelecido na década de 1950.

tais: Legislativo, Judiciário, polícia, serviços públicos. Suplementos especiais da Pnad 1988 revelaram o grau de *desconfiança institucional* difundido pelo país e não há razão para supor que se tenha alterado significativamente para melhor desde então.[118]

A indiferença para com as instituições públicas nada tem a ver, neste caso, com a inclinação ao imobilismo ou ao alheamento político característicos de populações em condições materiais mais confortáveis. Identificar, nestas, aparente conformismo e desprezo pela democracia é, no mínimo, temerário. É bem possível que, em sociedades opulentas e relativamente autônomas em relação ao Estado, o alheamento à política refira-se à substância de decisões específicas, mas não ao *modus operandi* das instituições. Obviamente, não é este o caso de sociedades como a brasileira. Por outro lado, supor que, nestas, escassa participação indique, aí sim, alienação é igualmente precipitado. Por razões distintas, tanto pode ser racional para diversos segmentos sociais, em sociedades afluentes, o recolhimento à vida privada, quanto o será, a mesma atitude, em subsociedades brasileiras, em que os riscos, muito mais do que os custos, da participação são consideravelmente superiores às expectativas de possíveis ganhos. Em ambos os casos, a pura exigência de participação, às vezes acompanhada de sanções morais, reflete o aspecto autoritário de um rousseaunianismo doutrinário, antes que apropriado entendimento das razões da inércia.[119]

O "custo do fracasso" pode ser operacionalizado pelo que Colasanto, Kapleyn e Gaag consideram "linha da pobreza politicamente determinada", ou seja, aquele mínimo de condições de vida que a legislação garante aos destituídos. No Brasil, poder-se-ia considerar o salário-desemprego, a assistência médica gratuita, a aposentadoria e a cesta básica como aquilo que a classe política brasileira entende por rede de proteção ao último degrau inferior da escada social, consideravelmente mais modesta do que a dos países de renda *per capita* equivalente à nossa, e também abaixo da renda média do trabalho total revelado pela amostra da PPV.[120]

---

[118] Para a análise dos resultados da pesquisa sobre associativismo e relações com os órgão de segurança e o Judiciário, realizada em 1988, ver Santos, 1994, cap. 3.

[119] Para excelente estudo sobre a inclinação da população norte-americana pelo que considera um estilo de democracia discreta, ou inconspícua, ver Hibbing e Theiss-Morse, 2002.

[120] Para o conceito de "linha política da pobreza", ver Colasanto, Kapleyn e Gaag, 1984:128. A inclusão do item "salário-desemprego" vale somente para os trabalhadores com carteira assinada. Para os demais, o único item de proteção social é a assistência médica gratuita.

Do custo do fracasso e da falta de organização resulta a apatia característica da sociedade brasileira, malgrado espasmos intermitentes de alvoroço social. Os partidos não são procurados, nem os políticos, e a participação sindical, embora crescente, ainda é muito reduzida. Há evidente descompasso entre a magnitude das carências sociais e o empenho da sociedade em resolvê-las. Não sobra tempo para isso, visto a alocação prioritária de tempo e recursos dos indivíduos na solução de urgentes problemas pessoais e familiares.

O horizonte do desejo é algo móvel e o que o impulsiona é a relativa segurança de que o fracasso na tentativa de alcançá-lo cobrará custo tolerável, quando a situação em que se recairá é, em si mesma, já confortável. O limiar de sensibilidade social é definido, por conseguinte, como a pior punição possível caso alguém ouse desejar hobbesianamente e fracasse. No caso brasileiro, o custo do fracasso consiste em desemprego prolongado, afastamento do processo produtivo, violência institucional e marginalização. Por isso a privação relativa é tão insignificante — porque relativamente à privação absoluta elas são quase iguais. O Brasil encontra-se, muito possivelmente, aquém do limiar da sensibilidade social, e assim tem convivido, pacificamente, com a miséria cotidiana, material e cívica, sem gerar grandes ameaças. Aqui, o horizonte do desejo ainda é puro desejo, sem horizonte.

CONCLUSÃO

O PROCESSO DA ORDEM

O reiterado lamento ocasionado pelos péssimos indicadores sociais brasileiros costuma ser seguido de reclamos por medidas que sejam de pronta adoção e rápidos resultados. A emoção provocada pelos números se intensifica quando documentários, ou fugidias reportagens, acrescentam imagem e movimento à opaca informação quantitativa. A veemência do repúdio, entretanto, não basta para emprestar acuidade aos diagnósticos, eficácia ou viabilidade às diretivas de ação sugeridas, nem é seguro que, se obedecidas, tais recomendações proporcionassem alívio nas condições de vida de grande parte da população brasileira.

A investigação comparativa da matéria bruta constitutiva da sociedade tem estado comprometida por seu passado ditatorial recente, ao qual se atribui a maior parcela de responsabilidade pelo precário *status quo*, concluindo, com aparente e certeira lógica, caber à democracia que o sucedeu a tarefa de providenciar o desaparecimento até do mais minúsculo vestígio das mazelas herdadas. A lentidão com que se modificam os indicadores de infelicidade é, então, debitada às instituições democráticas, carunchosas antes da maturidade, dispensando-se as necessárias e atentas análises das propriedades do mundo que impedem maior velocidade na superação dos descalabros sociais.

Não são poucos os comentaristas que aderem à tese ligeira de que esses desequilíbrios são vetustos, com idade multicentenária. Perdem eles, de saída, os esclarecimentos da história quanto à formação de um sistema em que o acirramento das desigualdades convive, em certos períodos, com real diminuição da miséria. Ainda mais grave, escapa aos teóricos da desigualdade ou da miséria permanentes, se não crescentes, a percepção da singular circunstância de que, contemporaneamente, e em puro cálculo econômico, o crescimento da riqueza independe da extinção, do aumento ou da redução da miséria existente. Essa imprevista e extraordinária circunstância faz parte do estágio atual de todas as sociedades capitalistas ricas. Mas é desafiador descobrir como ele foi alcançado por sociedades como a brasileira, virgem, em qualquer momento de seu percurso acumulativo, de políticas redistributivas de grande porte, que, ao mesmo tempo, elevassem o padrão de vida das grandes multidões e assegurassem dinâmico mercado para a continuidade da acumulação capitalista. Exceção terá sido o primeiro período de Getúlio Vargas (1930-45), em que se promoveu a incorporação regulada dos cidadãos urbanos em simultâneo com deliberada estratégia de incentivo ao capitalismo moderno. As próprias instituições da cidadania regulada, contudo, se transformaram, no médio prazo, em obstáculos a mais incisiva política redistributiva, dificuldades que só começaram a ser afastadas ao longo da segunda metade das duas décadas autoritárias.

Intrigante, em particular, é a coincidência de a última etapa de tão singular acumulação haver ocorrido durante o exato período em que se completava a constituição da sociedade política brasileira, isto é, ainda que paradoxal, durante os anos ditatoriais e a primeira década do novo experimento democrático. A parte I deste livro apresentou farta documentação comprobatória da complexa infra-estrutura social brasileira, integralizada em ritmo acelerado, e acompanhada de simultânea arregimentação de populações adultas até então periféricas ao universo da competição eleitoral. O quadro final suscita a interrogação sobre que mecanismos embutidos na matéria da sociedade seriam capazes de esclarecer a manutenção desse conjunto de desequilíbrios — e não apenas sociais — ao longo de evidente processo de expansão econômica. Não havendo números que atestem que todos os desequilíbrios foram gerados durante o período de coerção ditatorial, nem mesmo acentuados substancialmente, pergunta-se por que os intervalos democráticos da vida brasileira — antes de 1964 e depois de 1985 — não propiciaram as condições para que se alterassem os dados da equação social. Mas uma resposta minimamente satisfatória requer a reformulação da pergunta.

O sistema democrático tem por meta extinguir as desigualdades políticas características da história pregressa da humanidade, mas não antecipa que os resultados materiais de sua operação reduzam as diferenças econômicas. Tema permanente da reflexão de Alexis de Tocqueville, o suposto de que a igualdade política constituiria um vestíbulo à igualdade econômica, por via de legislação coercitiva, extramercado, sempre se configurou como ameaça aos ricos e esperança para os pobres, nenhum dos dois casos convertido em fatos notáveis. Em épocas de exuberância participativa, como foram os anos pós-ditadura no Brasil, com a inclusão dos analfabetos ao contingente de eleitores, com a Assembléia Nacional Constituinte de 1986 e a continuada mobilização eleitoral da população adulta, com a circulação provocada pela divisão social do trabalho e a multiplicação dos grupos de interesse, todos esses processos se somaram, gerando expectativas positivas quanto ao futuro imediato de cada um. Mas o passar dos anos trouxe frustração, antes que contentamento, e a revelação do enorme peso da inércia do *status quo*. A sociedade mudava e, todavia, permanecia, em importantes aspectos, a mesma.

Pista promissora para compreender a fragilidade política de enorme contingente de brasileiros, as conhecidas dificuldades de organizar ações coletivas estariam talvez na origem do descompasso entre longa acumulação econômica capitalista, episódicos períodos propícios à redistribuição de renda sem ameaça à própria acumulação e, não obstante, crônica estabilização das desigualdades. A existência e a acelerada multiplicação de grupos de interesse, nos últimos 30 anos, confiscam, todavia, grande parcela da capacidade explicativa da hipótese. Associações de todo tipo, reivindicativas de benefícios ou compensações aos mais diversos segmentos da sociedade, atestam a ausência de obstáculos definitivos à organização da ação coletiva e, mais importante, confirmam a razoável eficácia na realização de seus propósitos.

A bula explanatória do funcionamento do perverso mecanismo de permanente acumulação sem intermitente redistribuição (embora com incorporação por meio do estratagema da cidadania regulada) aponta para sutil aspecto do problema da ação coletiva: o custo do fracasso. Habitualmente, análises de ações coletivas concentram-se nos custos de organizá-las e nas estratégias utilizadas para cobri-los ou reduzi-los. Dá-se naturalmente por aceito que as ações, quando bem-sucedidas, são suficientes para cobrir esses gastos e ainda gerar benefícios excedentes. Razoável, pois seria irracional investir tempo e recursos em ações cujo resultado presumido não ultrapassaria o estágio de manutenção do *status quo*. Para que o *status quo* se mantenha, fica implícito nas análises, basta que não se desencadeie a ação ou que ela fracasse. Isto é, supõe-se que, em todos os casos, o custo do fracasso da ação coletiva seja zero, mantendo-se o *status quo* dos participantes tal como era antes do empreendimento. Pressuposição plausível nas condições políticas e sociais dos países ricos, mas freqüentemente irrealista no Brasil.

O custo do fracasso das ações coletivas pode ser bastante elevado, com significativa deterioração do *status quo* dos participantes, circunstância suficientemente ameaçadora para deprimir o ânimo reivindicante dos mais necessitados. Ser pobre, no Brasil, é uma condição associada à altíssima taxa de aversão ao risco e à opção por estratégias conservadoras de sobrevivência. Faz sentido, portanto, que o esquema de acumulação sem contestação se mantenha e tenda a se manter por tempo indefinido.

Não havendo imperativos econômicos, por um lado, nem massas estridentes e intimidantes, por outro, o destino previsível da massa de necessitados tornou-se dependente das decisões e iniciativas do estamento político do país. Caso existisse uma conspiração de celerados entre todos os membros do colegiado de políticos, o *status quo* das populações pobres não seria alterado senão por cataclismos. Mas é aqui que a universalização democrática intervém na distribuição econômica. A rápida intensificação da competição eleitoral, por ela ocasionada, estimula os competidores a prometerem benfeitorias a determinados conjuntos de eleitores, melhorias que eles, por si sós, não seriam capazes de alcançar. O custo, para os eleitores, é o voto. Comparativamente, o custo de obter melhorias nas condições de vida via voto é inferior ao custo de obtê-las mediante o duvidoso recurso da reivindicação coletiva. E, no caso do voto, o custo do fracasso é igual a zero, pois o não-cumprimento das promessas eleitorais não provoca automaticamente a deterioração do *status quo*, mas o deixa simplesmente como estava antes. Finalmente, enquanto em ações coletivas fracassadas os participantes não dispõem de mecanismos de retaliação, na troca de voto por serviços o eleitor detém a capacidade de retaliação no tempo, trocando de candidato. O voto clientelístico é o único recurso de poder das populações carentes em que o custo do fracasso é zero, em que o seu valor de troca não se corrompe. Nas próximas eleições ele continua a valer o mesmo que nas eleições anteriores.

O sistema de acumulação sem contestação, garantido pelo diabólico arranjo do voto clentelístico, reduzindo a zero o custo do fracasso, é o responsável pelo estado inacabado da República brasileira, em terrível processo de desconstitucionalização. Não existem atores políticos organizados em função da vital necessidade de que sejam universalizados os direitos básicos da cidadania moderna. Eles não são insumos indispensáveis ao circuito do consumo, nem deles depende o circuito da produção. A desigualdade social brasileira tem o amparo da indiferença. Resta-lhe o consolo de alguns discursos que tentam trazê-la à luz. Como este.

BIBLIOGRAFIA

Livros, artigos, capítulos e dissertações

AMARAL, Rubens do. O chefe político. *Política*, n. 1, ago. 1944.

AMOND, A. *O Estado autoritário e a realidade nacional.* Rio de Janeiro: José Olympio, 1937.

AMORIM NETO, Octavio; SANTOS, Fabiano. A conexão presidencial: facções pró e antigoverno e disciplina partidária no Brasil. *Dados*, v. 44, n. 2, 2001.

———; ———. O segredo ineficiente revisto: o que propõem e o que aprovam os deputados brasileiros. *Dados*, v. 46, n. 4, 2003.

ANTUNES, António Lobo. *A ordem natural das coisas*. Lisboa: Dom Quixote, 1992.

BARROS, Ricardo Paes e; HENRIQUES, Ricardo; MENDONÇA, Rosane. *A estabilidade inaceitável:* desigualdade e pobreza no Brasil. Rio de Janeiro: Ipea, jun. 2001. (Texto para Discussão, 800.)

BEER, Samuel H. Great Britain: from governing elite to organized mass parties. In: NEUMAN, Sigmund (Ed.). *Modern political parties.* Chicago: University of Chicago Press, 1956.

BERMAN, Sheri. Civil society and the collapse of the Weimar Republic. *World Politics*, v. 49, n. 3, Apr. 1997.

BOIX, Carles. *Democracy and redistribution.* Cambridge: Cambridge University Press, 2003.

BUCHANAN, James. *The limits of liberty* – between anarchy and the Leviathã. Chicago, Ill.: University of Chicago Press, 1977.

BUTLER, David; KAVANAGH, Dennis. *The British general election of 2001.* London: Palgrave, 2002.

CARDOSO, A. M. Desigualdade, injustiça e legitimidade. In: SCALON, Celi (Org.). *Imagens da desigualdade.* Belo Horizonte: UFMG, Iuperj, 2004.

CARMINES, Edward G.; HUCKFELDT, Robert. Political behavior: an overview. In: GOODIN, Robert E.; KLINGEMANN, Hans-Dieter (Eds.). *A new handbook of political science.* Oxford: Oxford University Press, 1998.

COASE, Richard. The problem of social cost. *The Journal of Law and Economics,* v. 3, Oct. 1960; reimp. in: *The firm, the market and the law.* Chicago: University of Chicago Press, 1988.

COLASANTO, Diane; KAPLEYN, Arie; GAAG, Jacques van der. Two subjective definitions of poverty: results form the Wisconsin Basic Needs Study. *The Journal of Human Resources,* v. 19, n. 1, Winter 1984.

CROZIER, Michel; HUNTINGTON, Samuel; WATANUKI, Joji. *The crisis of democracy:* report on the governability of democracies to the trilateral comission. New York: New York University Press, 1975.

DAHL, Robert A. *Polyarchy;* participation and opportunity. New Haven: Yale University Press, 1971.

DALTON, Russell; GRAY, Mark. Expanding the electoral marketplace. In: CAIN, Bruce; DALTON, Russell; SCARROW, Susan. *Democracy transformed? Expanding political opportunities in advanced industrial democracies.* Oxford: Oxford University Press, 2003.

———; WATTENBERG, Martin P. (Eds.). *Parties without partisans* – political change in advanced industrial democracies. Oxford: Oxford University Press, 2000.

DOBB, Maurice. *Theories of values and distribution since Adam Smith.* Cambridge: Cambridge University Press, 1973.

DOUGLAS, James. Review article: the overloaded crown. *British Journal of Political Science,* n. 6, p. 483-505, 1976.

EPSTEIN, Leon. Political parties. In: GREENSTEIN, Fred I.; POLSBY, Nelson W. (Eds.). *Handbook of political science.* v. 4: Nongovernmental politics. Reading, Mass.: Addison-Wesley, 1980.

FERGUSON, Adam. *An essay on the history of civil society.* [1776]. Cambridge: Cambridge University Press, 1995.

FERNANDEZ DE LA MORA, Gonzalo. *Egalitarian envy* – the political foundations of social justice. New York: Parangon, 1987.

FIGUEIREDO, Argelina Cheibub; LIMONGI, Fernando. *Executivo e Legislativo na nova ordem constitucional.* Rio de Janeiro: FGV, 1999.

FOX-GENOVESE, Elizabeth. *The origins of physiocracy* – economic revolution and social order in eighteenth-century France. Ithaca: Cornell University Press, 1976.

GIBBS, Jack; POSTON JR., Dudley. The division of labor: conceptualization and related measures. *Social Forces*, v. 53, n. 3, Mar. 1975.

GOEDHART, Theo; HALBERSTADT, Victor; KAPTEYN, Arie; PRAAG, Bernard van. The poverty line – concept and measurement. *The Journal of Human Resources*, v. 3, n. 4, Fall 1977.

GOODIN, Robert E.; KLINGEMANN, Hans-Dieter. *A new handbook of political science.* London: Oxford University Press, 1998.

GRAY, John. *Two faces of liberalism.* New York: The New Press, 2000.

HARDIN, Russell. *Liberalism, constitutionalism, and democracy.* Oxford: Oxford University Press, 1999.

HIBBING, John R.; THEISS-MORSE, Elizabeth. *Stealth democracy* – American's beliefs about how government should work. Cambridge: Cambridge University Press, 2002.

HIRSCH, Fred. *Social limits to growth.* Cambridge, Mass.: Harvard University Press, 1976.

HUNTINGTON, Samuel. *Political order in changing societies.* New Haven: Yale University Press, 1968.

———. Postindustrial politics: how benign will it be? *Comparative Politics*, v. 6, n. 2, Jan. 1974.

———. *The clash of civilizations and the remaking of world order.* New York: Simon & Schuster, 1996.

KING, Anthony (Ed.). *British political opinion:* 1937-2000 – the Gallup polls. London: Politico's, 2002.

KUMAR, Krishan. Civil society: an inquiry into the usefulness of an historical term. *British Journal of Sociology*, v. 44, n. 3, 1993.

KUZNETS, Simon. *Modern economic growth rate, structure and spread.* [1966]. 2. ed. New Haven: Yale University Press, 1967.

LANDIM, Leilah. *Associações cívicas no Brasil.* Rio de Janeiro: Ipea, 2005. (Texto preparatório para o livro: *Brasil: o estado de uma nação*).

LANE, Jan-Erik; McKAY, David; NEWTON, Kenneth. *Political data handbook* – OECD countries. 2. ed. Oxford: Oxford University Press, 1997.

LAZARSFELD, Paul; BERELSON, B.; GAUDET, H. *The people's choice:* how the voter makes up his mind in presidential campaigns. 3. ed. New York: Columbia University Press, 1968.

LEMOS, Leany Barreiro de S. O Congresso brasileiro e a distribuição de benefícios sociais no período 1988-1994: uma análise distributivista. *Dados*, v. 44, n. 3, 2001.

LEONARD, Dick; MORTIMORE, Roger. *Elections in Britain* – a voter's guide. London: Palgrave, 2001.

LIEBERSON, Stanley. *Making it count* – the improvement of social research and theory. Berkeley: University of California Press, 1985.

LIMA, Eduardo Martins de. *Sistemas multipartidários e eleitorais brasileiros em perspectiva comparada.* Belo Horizonte: Fumec, 2004.

LIPSET, V. S.; ROKKAN, S. Cleavage structures, party systems, and voter alignments: an introduction. In: LIPSET, V. S.; ROKKAN, S. (Eds.). *Party systems and voter alignments: cross-national perspectives.* New York: Free Press, 1967.

LUPIA, Arthur; McCUBBINS, Mathew D. *The democratic dilemmas* – can citizens learn what they need to know? Cambridge: Cambridge University Press, 1998.

MACKIE, Thomas T.; ROSE, Richard. *The international almanac of electoral history.* 3. ed. London: Macmillan, 1991.

———; ——— (Eds.). *A decade of election results: updating the international almanac.* London: Centre for the Study of Public Policy, University of Strathclyde, 1997.

MAGALHÃES, Maria Carmem Cortês. *O mecanismo das comissões verificadoras de poderes*; estabilidade e dominação política, 1894-1930. 1986. Dissertação (Mestrado em História) — Universidade de Brasília, Brasília, 1986.

NICOLAU, Jairo. A participação eleitoral no Brasil. In: VIANNA, Luiz Werneck (Org.). *A democracia e os três poderes no Brasil.* Belo Horizonte: UFMG, 2002.

NORRIS, Pippa (Ed.). *Critical citizens* – global support for democratic government. Oxford: Oxford University Press, 1999.

NUNES, Neila Ferraz Moreira. A experiência eleitoral em Campos dos Goytacazes (1870-1889): freqüência eleitoral e perfil da população votante. *Dados*, v. 46, n. 2, 2003.

OLSON JR., Mancur. *The rise and decline of nations:* economic growth, stagflation, and social rigidities. New Haven: Yale University Press, 1982.

PASQUINO, Giafranco. *Crisi del partiti e governabilitá.* Bologna: Il Mulino, 1980.

PEDERSEN, Mogens N. The personal circulation of a Legislative: the Danish folketing, 1849-1968. In: AYDELOTTE, William O. (Ed.). *The history of parliamentary behavior.* Princeton, N. J.: Princeton University Press, 1977.

PHARR, Susan; PUTNAM, Robert (Eds.). *Disaffected democracies* – what's troubling the trilateral countries? Princeton: Princeton University Press, 2000.

PIZZORNO, Alessandro. Introducción al estudio de la participación política. In: PIZZORNO, A.; KAPLAN, M.; CASTELLS, M. *Participación y cambio social en la problemática contemporánea.* Buenos Aires: Siap, 1976. [versão original em italiano publicada em *Quaderni di Sociologia*, n. 3/4, 1966.]

PORTO, Walter Costa. *O voto no Brasil:* da Colônia à Quinta República. v. 1: História eleitoral do Brasil. Brasília: Senado Federal, 1989.

POWELL JR., G. Bingham. *Elections as instruments of democracy.* New Haven: Yale University Press, 2000.

PRZEWORSKI, Adam; SPRAGUE, John. *Paper stones* – a history of electoral socialism. Chicago: University of Chicago Press, 1986.

PUTNAM, Robert. *Bowling alone* – the collapse and revival of American community. New York: Simon & Schuster, 2000.

——— (Ed.). *Democracies in flux:* the evolution of social capital in contemporary society. Oxford: Oxford University Press, 2002.

PYE, Lucien. Armies in the process of political modernization. In: JOHNSON, John H. (Ed.). *The role of the military in underdeveloped countries.* Princeton: Princeton University Press, 1962.

RALLINGS, Colin; THRASHER, Michael (Eds.). *British electoral facts:* 1832-1999. London: Ashgate, 2000.

RIBEIRO, Carlos Antônio Costa; SCALON, Maria Celi. Desigualdade de oportunidades no Brasil: notas sobre classe e mobilidade social. Rio de Janeiro: Ipea, 2005. (Texto preparatório para o livro: *Brasil: o estado de uma nação*).

RODRIGUES, Leôncio Martins. *Partidos, ideologia e composição social:* um estudo das bancadas partidárias na Câmara dos Deputados. São Paulo: Edusp, 2002.

ROKKAN, S. The comparative study of political participation; notes toward a perspective on current research. In: RUMNEY, Austin. *Essays on the behavioral study of politics.* Chicago: University of Illinois Press, 1962.

RUMOS, abr. 2001.

RUNCIMAN, W. G. *Relative deprivation & social justice.* [1966]. London: Pelican Books, 1972.

SANTA ROSA, Virgínio. *A desordem:* ensaio de interpretação do momento. Rio de Janeiro: Schmidt, 1932.

SANTOS, Fabiano; AMORIM NETO, Octavio. A produção legislativa do Congresso – entre a paróquia e a nação. In: VIANNA, L. W. (Org.). *A democracia e os três poderes no Brasil.* Belo Horizonte: UFMG, 2002.

SANTOS, Wanderley Guilherme. *Dois escritos democráticos de José de Alencar:* o sistema representativo (1868); reforma eleitoral (1874). Rio de Janeiro: UFRJ, 1991.

———. Fronteiras do Estado mínimo – indicações sobre o híbrido institucional brasileiro. In: ———. *Razões da desordem.* [1992]. 3. ed. Rio de Janeiro: Rocco, 1994. cap. 3.

———. *Décadas de espanto e uma apologia democrática.* Rio de Janeiro: Rocco, 1998a.

———. Democracia em 3-D. *Dados,* Rio de Janeiro, v. 41, n. 2, 1998b.

———. Os limites do *laissez-faire* e os princípios do governo. In: SANTOS, Wanderley Guilherme dos. *Paradoxos do liberalismo:* teoria e história. 2. ed. Rio de Janeiro: Revan, 1999. cap. 2.

———. A democracia e seu futuro no Brasil. In: FÓRUM NACIONAL, 13., maio 2001, Rio de Janeiro: Inae, 2001; publicado in: VELLOSO, João Paulo dos Reis (Coord.). *Como vão o desenvolvimento e a democracia no Brasil?* Rio de Janeiro: José Olympio, 2001.

——— (Org.). *Votos e partidos:* almanaque de dados eleitorais: Brasil e outros países. Rio de Janeiro: FGV, 2002.

———. *O cálculo do conflito* – da estabilidade à crise na política brasileira. Belo Horizonte: UFMG, 2003.

———. *O ex-Leviatã brasileiro* – do voto disperso ao clientelismo concentrado. Rio de Janeiro: Civilização Brasileira, 2006.

——— (Coord.); MONTEIRO, Violeta Maria; CAILLAUX, Ana Maria Lustosa. *Que Brasil é este?* Manual de indicadores político-sociais do Brasil. São Paulo: Vértice, Revista dos Tribunais, 1990.

SARTORI, G. *Parties and party systems:* a framework for analysis. Cambridge: Cambridge University Press, 1976. v. 1.

SCHUMPETER, Joseph. *History of economic analysis.* [1954]. 4. ed. London: George Allen & Unwin, 1961.

SELIGMAN, Adam. *The idea of civil society.* New Jersey: Princeton University Press, 1992.

———. *The problem of trust.* New Jersey: Princeton University Press, 1997.

SHILLS, Edward (Ed.). *International encyclopedia of the social sciences.* [1968]. New York: Free Press, 1972.

TELAROLLI, Rodolpho. *Eleições e fraudes eleitorais na República Velha.* São Paulo: Brasiliense, 1982.

TOCQUEVILLE, Alexis de. *O Antigo Regime e a revolução.* [1856]. Brasília: UnB, 1979.

———. Memoir sur le pauperisme. [1835]. In: TOCQUEVILLE, A. de. *Oeuvres complètes.* Paris: Gallimard, 1989. t. XVI.

TRIBE, Keith. *Land, labour and economic discourse.* New York: Routledge & Kegan Paul, 1978.

VARTY, John. Civic or commercial? – Adam Ferguson, concept of civil society. In: FINE, Robert; RAVI, Shirin (Eds.). *Civil society* – democratic perspectives. London: Frank Caas, 1997.

VERBA, Sidney. Sequences and development. In: BINDER, L. et al. *Crises and consequences in political development.* Princeton: Princeton University Press, 1971.

Fontes oficiais

BOLETIM CONJUNTURAL, jan. 1998.

BRASIL. CÂMARA DOS DEPUTADOS. Disponível em: <www.camara.gov.br>.

———. TSE (Tribunal Superior Eleitoral). Dados estatísticos. Disponível em: <www.tse.gov.br>.

———.———. Estatística do eleitorado. Disponível em: <www.tse.gov.br>.

———.———. *Lei nº 8.713,* 30 de setembro de 1993. Brasília: Imprensa Nacional, 1993.

FGV/IBRE. *Conjuntura Econômica*, v. 50, n. 7, jul. 1997.

———. *Conjuntura Econômica*, v. 51, n. 8, ago. 1997.

———. *Conjuntura Econômica*, v. 52, n. 1, jan. 1998.

———. *Mapa do fim da fome:* metas sociais contra miséria nos municípios fluminenses. Rio de Janeiro: Centro de Políticas Sociais/IBRE/FGV, jul. 2001.

IBGE. *Anuário estatístico do Brasil 1992.* Rio de Janeiro: IBGE, 1993. v. 52. reimp.

———. *Anuário estatístico do Brasil 1996.* Rio de Janeiro: IBGE, 1997. v. 56.

———. *Anuário estatístico do Brasil 1997.* Rio de Janeiro: IBGE, 1998. v. 57.

———. *Banco de dados agregados Sidra.* Disponível em: <www.sidra.ibge.gov.br>.

———. Censos demográficos. Disponíveis em: <www.ibge.gov.br>.

———. *Indicadores sociais: tabelas selecionadas.* Rio de Janeiro: IBGE, 1985. v. 2.

———. *Pesquisa de informações básicas municipais 2001.* Disponível em: <www.ibge.gov.br>.

———. *Pesquisa mensal de emprego (abril 1996), associativismo, representação de interesses e intermediação política.* Rio de Janeiro: IBGE, 1997.

———. *Pesquisa nacional por amostra de domícilios (Pnads)*, 1992, 1993, 1995, 1996, 1998, 1999 e 2002. Disponível em: <www.ibge.gov.br>.

———. *Pesquisa sobre padrões de vida, 1996-1997.* Rio de Janeiro: Diretoria de Pesquisas/Departamento de População e Indicadores Sociais/IBGE, s.d.

———. *Tabulação avançada do Censo Demográfico 2000:* resultados preliminares da amostra. Rio de Janeiro: IBGE, 2002.

———. *Síntese de indicadores sociais 1998.* Rio de Janeiro: IBGE, 1999. (Estudos e Pesquisas. Informação Demográfica e Social, 1.)

———. *Síntese de indicadores sociais 1999.* Rio de Janeiro: IBGE, 2000. (Estudos e Pesquisas. Informação Demográfica e Socioeconômica, 4.)

———. *Síntese de indicadores sociais 2000.* Rio de Janeiro: IBGE, 2001. (Estudos e Pesquisas. Informação Demográfica e Socioeconômica, 5.)

———. *Síntese de indicadores sociais.* Rio de Janeiro: IBGE, 2004.

IPEA. *Radar social.* Brasília: IPEA, 2005.

UMD. *Polity IV Project;* political regime characteristics and transitions, 1800-2002. Disponível em: <www.cidcm.umd.edu/inscr/polity>.

U.S. BUREAU OF THE CENSUS. *Statistical abstract of the United States 2001* – the national data book. 121. ed. Disponível em: <www.census.gov/ipc/www/idbrank.html>.

CADERNO DE APONTAMENTOS

Tabela 1

ELEIÇÃO E COMPARECIMENTO COMO PROPORÇÃO DO ELEITORADO PARA SETE PAÍSES

Alemanha		Bélgica		Dinamarca		Reino Unido	
Eleição	Comp./ eleitorado %	Eleição	Comp./ eleitorado %	Eleição	Comp./ eleitorado %	Eleição	Votos válidos/ eleitorado %
1871	54,18	1848	66,97	1901	56,54	1885	77,22
1874	61,23	1857	84,18	1903	57,52	1886	48,55
1877	60,64	1864	80,94	1906	69,75	1892	70,50
1878	63,33	1870 (ago.)	73,84	1909	71,08	1895	56,97
1881	56,32	1892	76,61	1910	74,81	1900	48,77
1884	60,55	1894	85,40	1913	74,54	1906	72,66
1887	77,49	1900	90,38	1918	75,51	1910 (jan.)	81,27
1890	71,57	1912	95,38	1920 (abr.)	80,61	1910 (dez.)	63,59
1893	72,47	1919	88,50	1920 (jul.)	74,87	1918	48,99
1898	68,06	1921	91,13	1920 (set.)	77,01	1922	66,16
1903	76,08	1925	92,84	1924	78,60	1923	65,59
1907	84,65	1929	93,97	1926	76,97	1924	73,20
1912	84,90	1932	94,28	1929	79,68	1929	75,40
1919	81,83	1936	94,67	1932	81,52	1931	72,50
1920	79,18	1939	93,31	1935	80,74	1935	66,99
1924 (maio)	77,42	1946	90,31	1939	79,17	1945	72,55
1924 (dez.)	78,75	1949	94,41	1943	89,47	1950	83,61
1928	75,60	1950	92,62	1945	86,29	1951	81,89
1930	82,00	1954	93,18	1947	85,78	1955	76,78
1932 (jul.)	84,06	1958	93,62	1950	81,87	1959	78,71
1932 (nov.)	80,65	1961	92,34	1953 (abr.)	80,80	1964	77,17
1933	88,86	1965	91,58	1953 (set.)	80,58	1966	75,96
1949	78,49	1968	90,02	1957	83,73	1970	72,15
1953	85,78	1971	91,55	1960	85,84	1974 (fev.)	78,94
1957	87,77	1974	90,35	1964	85,51	1974 (out.)	72,93
1961	87,74	1977	95,07	1966	88,61	1979	76,00
1965	86,77	1978	94,87	1968	89,28	1983	72,81
1969	86,67	1981	94,56	1971	87,16	1987	75,42
1972	91,11	1985	93,59	1973	88,72	1992	77,83
1976	90,75	1987	93,38	1975	88,23	1997	71,35
1980	88,57	1991	92,71	1977	87,96		
1983	88,40	1995	91,15	1979	85,62		
1987	84,33			1981	83,24		
1990	77,84			1984	88,44		
1994	78,97			1987	86,74		
				1988	83,99		
				1990	82,84		
				1994	84,25		

Obs.: De 1886 a 1906, votos válidos; em 1914, votos válidos; de 1847 a 1914 constam apenas as eleições gerais; a partir de 1919, todas são gerais.

Obs.: Em 1997 e 2001, os dados referem-se a comparecimento.

Continua

França		Noruega		EUA			
Eleição	Comp./ eleitorado %	Eleição	Comp./ eleitorado %	Eleição	Votos válidos/ eleitorado%	Eleição	Votos válidos/ eleitorado %
1910	75,38	1882	71,66	1828	58,43	1914	50,10
1914	75,39	1885	73,99	1830	57,11	1916	58,84
1919	71,19	1888	69,82	1832	65,72	1918	39,93
1924	81,54	1891	72,90	1834	62,06	1920	46,73
1928	83,10	1894	89,69	1836	61,28	1922	35,71
1932	82,83	1897	84,80	1838	68,38	1924	44,86
1936	83,67	1900	55,18	1840	73,00	1926	32,87
1945	79,83	1903	54,60	1842	63,32	1928	52,87
1946 (jun.)	81,85	1906	60,28	1844	76,51	1930	36,75
1946 (nov.)	78,10	1909	55,60	1846	60,26	1932	53,28
1951	80,19	1912	60,39	1848	67,09	1934	44,48
1956	82,69	1915	56,85	1850	59,75	1936	57,44
1958	77,18	1918	55,83	1852	67,38	1938	46,63
1962	68,69	1921	67,92	1854	65,47	1940	58,23
1967	81,12	1924	69,89	1856	74,49	1942	33,86
1968	79,85	1927	68,08	1858	68,71	1944	52,78
1973	81,31	1930	77,55	1860	81,24	1946	38,78
1978	71,63	1933	76,36	1862	64,69	1948	50,15
1981	70,87	1936	84,02	1864	69,58	1950	42,64
1986	78,48	1945	76,36	1866	71,00	1952	59,69
1988	66,18	1949	82,02	1868	78,49	1954	43,15
1993	69,32	1953	79,33	1870	66,85	1956	58,01
		1957	78,32	1872	74,34	1958/59	44,53
		1961	79,07	1874	64,83	1960	60,99
		1965	85,43	1876	81,84	1962	47,49
		1969	83,84	1878	65,15	1964	59,39
		1973	80,24	1880	79,72	1966	46,61
		1977	82,89	1882	65,69	1968	56,93
		1981	81,99	1884	77,80	1970	46,09
		1985	84,03	1886	63,86	1972	53,24
		1989	83,16	1888	79,41	1974	37,78
		1993	75,85	1890	64,62	1976	51,64
				1892	74,67	1978	37,03
				1894	67,43	1980	49,97
				1896	77,90	1982	40,29
				1898	60,06	1984	51,15
				1900	72,44	1986	36,24
				1902	55,61	1988	48,22
				1904	63,85	1990	34,97
				1906	51,24	1992	52,55
				1908	63,65	1994	38,03
				1910	51,69	1998	33,25
				1912	55,75	2000	47,99

Obs.: 1882 a 1918, votos válidos

Fontes: Mackie e Rose, 1991 e 1997; para dados de 1997 e 2001 do Reino Unido: Butler e Kavanagh, 2002; e para dados de 1998 e 2000 dos EUA: U.S. Bureau of the Census, 2001.

Tabela 2
POPULAÇÃO E VARIAÇÃO DO CRESCIMENTO POPULACIONAL BRASIL E OUTROS PAÍSES, 1950-2000

Países	População						Variação					
	1950	1960	1970	1980	1990	2000	1950/60	1960/70	1970/80	1980/90	1990/2000	1950/2000
Brasil	51.944.397	70.992.343	93.134.846	119.011.052	146.825.475	169.799.170	36,67	31,19	27,78	23,37	15,65	226,89
EUA	152.271.000	180.671.000	205.052.000	227.726.463	250.131.894	282.338.631	18,65	13,49	11,06	9,84	12,88	85,42
França	41.828.673	45.670.000	50.787.000	53.869.743	56.735.161	59.381.628	9,18	11,20	6,07	5,32	4,66	41,96
Itália	47.105.000	50.197.600	53.661.100	56.451.247	56.742.886	57.719.337	6,57	6,90	5,20	0,52	1,72	22,53
Alemanha	68.374.572	72.480.869	77.783.164	78.297.904	79.380.394	82.187.909	6,01	7,32	0,66	1,38	3,54	20,20
Reino Unido	50.127.000	52.372.000	55.632.000	56.314.000	57.493.307	59.522.468	4,48	6,22	1,23	2,09	3,53	18,74

Fontes: IBGE, censos demográficos de 1950, 1960, 1970, 1980, 1991, 2000; U.S. Bureau of the Census. Disponível em: <www.census.gov/ipc/www/idbrank.html>.

Tabela 3
ASSOCIAÇÃO ENTRE ELEITORADO, NÚMERO DE SEÇÕES E NÚMERO DE MUNICÍPIOS, 1988-2002
(CORRELAÇÃO DE PEARSON)

Anos	Eleitorado x seção	Eleitorado x município
1988	0,960	0,811
1989	0,965	0,803
1990	0,965	0,802
1992	0,961	0,809
1994	0,960	0,804
1996	0,958	0,780
1998	0,956	0,780
2000	0,955	0,780
2002	0,956	0,776

Fonte: Brasil. TSE. Estatística do eleitorado. Disponível em: <www.tse.gov.br>.

Tabela 4
POPULAÇÃO, COMPARECIMENTO, ELEITORADO, COMPARECIMENTO E ELEITORADO COMO PERCENTUAL DA POPULAÇÃO BRASIL, 1945-2002

Anos	População	Comparecimento	Eleitorado	Comparecimento/ população	Eleitorado/ população
1945	45.903.000	6.192.158	7.418.930	13,5	16,2
1950	51.888.765	8.234.631	11.446.462	15,9	22,1
1954	56.929.000	9.879.818	15.086.125	17,4	26,5
1958	62.750.802	12.673.370	13.774.462	20,2	22,0
1962	73.620.000	14.742.565	18.522.760	20,0	25,2
1966	83.267.000	17.285.556	22.387.251	20,8	26,9
1970	92.600.304	22.435.521	28.966.114	24,2	31,3
1974	104.243.300	28.981.015	35.810.715	27,8	34,4
1978	116.393.100	37.627.823	46.985.466	32,3	40,4
1982	121.866.600	48.455.879	58.871.378	39,8	48,3
1986	133.823.700	65.823.511	69.371.495	49,2	51,8
1990	146.825.475	71.940.913	83.817.593	49,0	57,1
1994	153.725.900	77.926.511	94.743.043	50,7	61,6
1998	157.079.573	83.282.476	106.053.106	53,0	67,5
2002	175.381.795	94.741.422	115.184.176	54,0	67,8

Elaboração: Leex.
Fonte: Santos, 2002.

Tabela 5
ALIENAÇÃO E ABSTENÇÃO COMO PROPORÇÃO DO ELEITORADO, VOTOS EM BRANCO E NULOS COMO PROPORÇÃO DO COMPARECIMENTO CÂMARA DOS DEPUTADOS, 1945-2002

	Câmara dos Deputados					
	Alienação	Abstenção	Votos em branco	Votos nulos		Taxa de alfabetização
1945	19,2	16,5	1,3	1,9	1940	38,80
1950	33,1	28,1	4,7	2,4	1950	42,66
1954	38,8	34,5	4,7	1,9		
1958	16,4	8,0	7,5	1,7		
1962	34,5	20,4	14,6	3,2	1960	53,25
1966	39,0	22,8	14,2	6,8		
1970	46,0	22,5	20,9	9,4	1970	61,28
1974	36,3	19,1	14,2	7,1		
1978	36,5	19,9	13,4	7,3	1980	64,93

Continua

	Câmara dos Deputados					
	Alienação	Abstenção	Votos em branco	Votos nulos		Taxa de alfabetização
1982	30,1	17,7	10,9	4,2		
1986	31,8	5,1	21,9	6,2	1985	73,41
1990	51,7	14,2	30,0	13,7	1991	74,81
1994	52,0	17,7	16,5	25,2		
1998	37,2	21,5	10,2	9,8		
2002	24,0	17,7	4,7	2,9	2000	84,91

Fontes: Para dados eleitorais, TSE e TREs; para taxa de alfabetização no período 1940-85, população com cinco anos de idade ou mais, Santos, Monteiro e Caillaux, 1990 (não-alfabetizados em 1980 referem-se a pessoas sem instrução e com menos de um ano de estudo; nos demais anos, a subdivisão é a seguinte: 1940 a 1970 – sabem ler e escrever/não sabem ler e escrever; 1985 - Pnad – alfabetizados/não-alfabetizados); para a taxa de alfabetização em 1991: população com cinco anos de idade ou mais: IBGE, censo demográfico de 1991 (são consideradas alfabetizadas pessoas capazes de ler e escrever um bilhete simples no idioma que conhecem); para taxa de alfabetização em 2000, população com cinco anos de idade ou mais: IBGE, censo demográfico 2000 (são consideradas não-alfabetizadas, pessoas sem instrução e com menos de um ano de estudo).

Tabela 6

ELEITORADO, COMPARECIMENTO, VOTOS VÁLIDOS E PERCENTUAL DE VOTOS VÁLIDOS SOBRE ELEITORADO E COMPARECIMENTO CÂMARA DOS DEPUTADOS, 1945-2002

	Eleitorado	Comparecimento	Votos válidos	Votos válidos %/ eleitorado	Votos válidos %/ comparecimento
1945	7.418.930	6.192.158	6.075.263	81,89	98,11
1950	11.446.462	8.234.631	8.038.703	70,23	97,62
1954	15.086.125	9.879.818	9.694.188	64,26	98,12
1958	13.774.462	12.673.370	12.462.934	90,48	98,34
1962	18.522.760	14.742.565	14.276.686	77,08	96,84
1966	22.387.251	17.285.556	16.108.631	71,95	93,19
1970	28.966.114	22.435.521	20.336.693	70,21	90,65
1974	35.810.715	28.981.015	26.933.931	75,21	92,94
1978	46.985.466	37.627.823	34.897.120	74,27	92,74
1982	58.871.378	48.455.879	46.410.016	78,83	95,78
1986	69.371.495	65.823.511	61.714.314	88,96	93,76
1990	83.817.593	71.940.913	62.075.306	74,06	86,29
1994	94.743.043	77.926.511	58.286.534	61,52	74,80
1998	106.053.106	83.282.476	66.600.077	62,80	79,97
2002	115.184.176	94.765.343	87.560.332	76,02	92,40

Elaboração: Leex.

Fontes: Brasil. TSE. Dados estatísticos, vários volumes, cf. Santos, 2002.

Obs.: A partir de 1997, os votos em branco não contam mais como votos válidos (Lei nº 9.504/97).

Tabela 7

MULHERES ELEITAS PARA A CÂMARA DOS DEPUTADOS
(NÚMERO ABSOLUTO E PERCENTAGEM)

	Número absoluto	%
1946	0	0,00
1951-55	1	0,31
1955-59	2	0,62
1959-63	1	0,31
1963-67	1	0,25
1967-71	6	1,49
1971-75	1	0,34
1975-79	1	0,27
1979-83	2	0,48
1983-87	8	1,67
1987-91	26	5,34
1991-95	29	5,77
1995-99	33	6,43
1999-2003	28	5,46
2003-07	42	8,19

Fontes: Cf. Porto, 1989, v. 1, p. 220-1; a partir de 1986, dados extraídos de <www.camara.gov.br>.

ANEXO 1

O CHEFE POLÍTICO*

Rubens do Amaral

Os reformadores metropolitanos e litorâneos cobriram de anátemas o chefe político municipal, o cacique de aldeia, que figura nos anais como um analfabeto truculento perante o povo, subserviente perante o governo, aproveitador dos cargos públicos para si e para os seus parentes, parasita dos interesses da política e administração, impermeável ao progresso dos regimes e das idéias, fonte de todos os males da República. Decerto, havia muitos chefes desse tipo, ou ainda piores, porque a mais, assaltavam os cofres do município e até a vida dos adversários. Como classe, porém, em conjunto, visto panoramicamente, o chefe político está ainda por estudar, na sua psicologia, na sua atuação e na sua benemerência, como órgão do Estado e da Sociedade situado à margem da lei e instituído pelo costume, com funções essenciais na vida, no desenvolvimento e na evolução da nação brasileira.

Não conheço os outros estados do Brasil e falo só de São Paulo. Aqui, tivemos numerosas categorias de chefes políticos. Desde logo, dividiam-se eles em coronéis e doutores. Muitas vezes, existindo isolados; o coronel dominando da sua fazenda e congregando outros fazendeiros; com influência na cidade porque deles dependiam o comércio como fornecedor, advogados e médicos para garantia da clientela, funcionários que eles podiam nomear e demitir arbitraria-

* Reproduzido de Amaral, 1944.

mente, outras atividades por idênticos motivos; o doutor, mais pelo poder da inteligência e da cultura, pelo prestígio da palavra ou por serviços prestados na advocacia e na medicina às famílias ricas ou às massas pobres. Muitas outras vezes, em simbiose: o coronel entrava com a influência pessoal ou da clã, com o dinheiro e a tradição; o doutor, a ele aliado, com o manejo da máquina, incumbindo-se das campanhas jornalísticas, da oratória nas ocasiões solenes, do alistamento, das tricas da votação, da apuração e das atas, dos recursos eleitorais e dos debates das vereanças quando havia oposição.

Tanto os coronéis como os doutores subdividiam-se em numerosos tipos. Havia mandões intolerantes, para os quais um adversário era um inimigo a ser eliminado pelo boicote social e econômico ou até nas tocaias assassinas. Havia outros, igualmente mandões e igualmente intolerantes, para os quais um voto contra era uma injúria pessoal, mas que nos seus combates não ultrapassavam as linhas da lei e da moral, sob a força do caráter. Em regra, porém, eram tratáveis durante o ano inteiro, dando-se bem com toda gente, os oposicionistas inclusive, mas reservando sua belicosidade para os dias de eleição, quando assumiam atitudes agressivas limitadas ao pleito, e nesse terreno capazes de todas as astúcias e de todos os golpes, convencidos de que em política só há uma vergonha: perder. Rendamos nossas homenagens àqueles, que não eram raros, que jamais se macularam num ato de violência ou de opressão, de felonia ou desonestidade, e que ficaram como exemplos respeitados e venerados, padrões de honradez e civismo, no conceito dos coevos e na memória dos pósteros.

Observemos que ninguém chegava a chefe político por simples ato de vontade arbitrária. Mesmo os que tinham grandes defeitos, precisavam ter também grandes qualidades. Se não fosse amigo dos amigos, útil aos indivíduos e à coletividade, com serviços prestados e com virtudes de comando, a que título se proclamaria chefe? E por que se submeteriam os mais à sua chefia, a não ser efemeramente, em casos todos especiais, sem duração?

O posto era comumente herdado, nas cidades mais antigas, mediante a influência natural das famílias tradicionais, de geração em geração. Sobretudo nas cidades mais novas, povoadas de aluvião, cabia entre os primeiros chegados, aos que revelaram mais atividade e eficiência. Sempre a conquista representava o consenso geral ou da maioria, em competições que eram seleções do mais forte pela tradição, pela fortuna, pela ação e pela inteligência.

Não se imagine, porém, que as competições eram regra absoluta, em disputa do "bastão" ou "penacho", por decisão espontânea dos candidatos de si mesmos. O posto era efetivamente de sacrifícios. Se havia os que pleiteavam, não obstante, resolvidos aos sacrifícios em troca da gloríola ou outro prêmio, havia também os que eram obrigados a ceder aos apelos e à pressão dos amigos, indo para a chefia a fim de atender a interesses de grupos ou a interesses do município, em situações difíceis, quando a abstenção seria covarde ou seria prejudicial.

Pesados os ônus da função. O chefe político, parecendo o dono de tudo, passava a pertencer a todos. Desde logo, assumia responsabilidades perante o partido, obrigando-se a conduzi-lo ao êxito em quaisquer circunstâncias. Pela energia do comando e ao mesmo tempo pelo tato posto em agremiar e em impedir a desagregação, em meio a melindres e conveniências, a invejas e ambições. Pela perspicácia com que adivinhasse os acontecimentos e pela agilidade com que evitasse os escolhos. Arriscado a ver-se acusado de moleza, se não era suficientemente leso na direção; de opressão, se impunha a necessária disciplina.

Tendo de decidir todos os casos, nas atitudes a tomar, nas nomeações a fazer, nas grandes e nas pequenas coisas, como general e como juiz, mas sujeito permanentemente ao voto dos seus comandados e jurisdicionados. Transigindo para sobrenadar com o seu partido, caía-lhe em cima a tacha de "vira-casaca"; resistindo para ser fiel aos amigos ou à bandeira, lançavam-lhe em rosto a inabilidade e a obstinação.

Isso na política propriamente dita. Fora ela, compeliam-no a ser o centro da vida do município, mesmo em questões de ordem privada. Era o agente de colocações de todos os eleitores e seus parentes, em cargos públicos ou de qualquer jeito. Tinha até que arranjar licenças para as professoras e obter aprovação para os alunos nos exames. Se um cabo eleitoral estava em dificuldades, fornecia-lhe dinheiro ou endossava-lhe títulos, que acabava resgatando no vencimento. Se um votante enfermava, tinha que lhe mandar o médico ou arranjar-lhe o hospital. Até brigas de família: o chefe político era solicitado a recompor casais, a harmonizar sogros e genros, a resolver rusgas e desavenças domésticas sob pena de perder o prestígio e o eleitor.

E outros problemas, não já com os amigos, mas com os adversários, que o fiscalizavam dia e noite e não lhe perdoavam um deslize nem lhe reconheciam um mérito. Na câmara municipal, batalhas acirradas a propósito de tudo. Na imprensa, venenos perenes. Nas esquinas, "bigornas" em que o malho funcionava implacável. A oposição reclamava melhoramentos superiores às possibilidades orçamentárias e proclamava simultaneamente a falência do erário municipal. Ao iniciar-se uma obra qualquer, erguia-lhe todos os obstáculos imagináveis, sabotando a ação da prefeitura. Quase que os oposicionistas davam tanto trabalho quanto os correligionários...

Falemos, porém, do lado positivo. O chefe era quem fazia a política, boa ou má, que tínhamos, em contato com o centro e dele recebendo, para transmitir ao seu município, as correntes de idéias e as linhas de evolução. E, se aí exercia ação reflexa, na direção da cidade tinha o comando, e a iniciativa, desde a fundação. Foi seu trabalho inicial a criação do distrito policial e depois o do distrito da paz. Esforçou-se, nisso, pondo todo o seu poder, pela elevação a município e pela instalação da comarca. A cadeia pública e o grupo escolar custaram-lhe inúmeras viagens a São Paulo. E assim as coletorias estadual e federal.

As escolas rurais. As estradas de rodagem. Pedidos de um ginásio, uma normal, um instituto profissional. Tudo ele devia solicitar e conseguir, fosse pelo seu amor à cidade e ao progresso, fosse sob a pressão da opinião pública, que exigia esses melhoramentos a ninguém mais senão ao chefe político, que os arrancaria dos governos ou seria tido como um fracassado, incapaz para sua função.

Fora desse setor, que lhe era próprio, ainda o chefe político tinha de se pôr à frente de outras realizações: a Santa Casa, o hotel, a linha de tiro etc. Assim, de todos os lados, uma vida de canseiras. E de gastos também, ao ponto de se consumirem patrimônios, já porque não sobrava tempo para atividades econômicas pessoais, já porque a política forçava a dispêndios de representação e de assistência que exauriram muitas bolsas bem fornidas.

Em paga, oposições, combates, achincalhes. Mas, para o "homem bom", que se dedicou à sua cidade e à sua gente, às vezes houve o prêmio da consagração de sua benemerência anônima na glória do nome na placa de uma rua ou na fachada de um grupo escolar.

Mais vale, entretanto, a gratidão popular. Os chefes vivos discutem-se e combatem-se. Os mortos, porém, sobrevivem na saudade dos conterrâneos, que é como que o panteão erguido, em cada município, aos operários da grandeza nacional, que lá foram a sua estrutura política, o seu dínamo administrativo, a sua força de progresso e civilização, numa obra cujo ativo excede de muito as parcelas do débito, que são as mais conhecidas, mas não são as maiores.

ANEXO 2

AVALIAÇÃO: EXPECTATIVA DE RENDA PARA CONDIÇÕES DE VIDA (R$)

Ocupação	Insuficiente		Boa	
	Média	Moda	Média	Moda
1	505,00	200,00	1.785,00	1.000,00
2	484,00	200,00	1.750,00	1.000,00
3	510,00	200,00	2.011,00	1.000,00
4	472,00	200,00	1.770,00	1.000,00
5	493,00	200,00	1.507,00	500,00*
6	478,00	200,00	1.700,00	1.000,00

Ocupações:

1. Profissionais, administradores, empresários empregadores, empresários conta própria.
2. Trabalhadores não-manuais de rotina.
3. Trabalhadores manuais qualificados.
4. Trabalhadores manuais não-qualificados.
5. Trabalhadores rurais.
6. Outras.

* Existem múltiplas modas: registrada a de menor valor.

ANEXO 3

AVALIAÇÃO PONDERADA POR REGIÃO DE EXPECTATIVA DE RENDA PARA CONDIÇÕES DE VIDA (R$)

	Insuficiente		Boa	
Ocupação	Média	Moda	Média	Moda
1	534,00	200,00	1.808,00	1.000,00
2	490,00	200,00	1.662,00	1.000,00
3	531,00	500,00	1.847,00	500,00
4	517,00	200,00	1.780,00	1.000,00
5	525,00	150,00	1.638,00	3.000,00
6	494,00	200,00	1.731,00	1.000,00

Ocupações:

1. Profissionais, administradores, empresários empregadores, empresários conta própria.
2. Trabalhadores não-manuais de rotina.
3. Trabalhadores manuais qualificados.
4. Trabalhadores manuais não-qualificados.
5. Trabalhadores rurais.
6. Outras.

Esta obra foi impressa pela
Markgraph Gráfica e Editora Ltda. em papel
off set Alta Alvura — Suzano para a Editora FGV
em abril de 2006.